- Langgerde -
Mein Heimatörtchen

„Mein Zuhause"

Lebenserinnerungen von Gisela Schwarz, geb. Höh

Vorwort

Für die Viele Hilfe die ich hatte, möchte ich mich
herzlich bedanken.

Bei meiner Tochter Christine, die mir diese Zeilen
abdruckte.

Bei meinem Sohn Andreas und seiner Frau Steffi,
die mir die vielen Bilder und Zeilen kopierten.

Bei Birgit, meiner Schwiegertochter, die mir half,
das Geschriebene zu ordnen.

Bei Ilse Beck, Dorle Kiefer, Erna Schneider-Lauer,
Karla Blinn und vor allem Theo Stahl, bei Lorle
Donayre, die mir die Bilder Aussuchten von früher
und mir zur Kopie gaben. Auch bei Erna und Otto
Gilcher, die mir halfen, die Namen von den
Gefallenen in Langwieden aufzuschreiben. Auch
vom Theater spielen berichteten sie mir, wie die
Stücke hießen und wer alles mitgespielt hat. Auch
die Namen von den Bergen, die ich nicht mehr
wusste.

Bei allen recht herzlichen Dank.

Zuletzt möchte ich mich bei Herbert Glück
bedanken für die Bilder und die Zeit, die er mir
opferte, nachdem er von seiner Kur zurückkam.
Auch bei Ottmar Braun, der mir die Bilder von

meiner Urgroßmutter ablichtete und mir behilflich war, diese Bilder zu ordnen.

Sowie bei meinem Sohn Günther, der mir die Bilder von Herbert Glück ablichtete und mit mir da hin fuhr.

So konnte ich die Bilder zum Abschluss bringen und einordnen.

Lebenserinnerungen von Gisela Schwarz, geborene Höh

Diese in einfacher Spache gehaltene Erzählung meiner Kinder- und Jugendzeit soll zum Ausdruck bringen, welch schöne und freudige, aber auch leidvolle Jahre ich erlebte.Seit vielen Jahren befasste ich mich mit dem Gedanken, meine Erlebnisse in der Nachkriegszeit niederzuschreiben und meinen Kindern, Enkeln und Lesern zu übermitteln.

Meine Tochter Christine ermunterte mich dazu, als ich anfing zu schreiben, ich solle nur weitermachen. Für meine Kinder sind meine Erlebnisse sehr interessant. Sie lesen nach und nach die Abschnitte und fragen, wie es früher war.Als ich von der Heuernte schrieb, wie es damals war, wollten sie alles genau wissen.

Eigentlich bin ich erst in dem reiferen Lebensabschnitt, als ich auch ein bischen zur Ruhe kam dazu gekommen davon zu erzählen und zu schreiben. Die Aufarbeitung der Vergangenheit brachte mich immer wieder in emotionale Empfindungen. Von glücklichen und wehmütigen

Erinnerungen hin- und hergerissen, erlebte ich dabei meine Kindheit und Jugend –sozusagen- ein zweites Mal.

In solchen gefühlsbetonten Momenten stiegen mir Tränen in die Augen. Bei der Aufzeichnung schmerzlicher Erlebnisse, die jahrzehntelang drückend auf mir lasteten, empfand ich eine gewisse Erleichterung, denn ich schrieb mir manches „von der Seele".

Römischer Götterstein in der Mauer

LANGWIEDEN: Die Baustile von Turm und Schiff des Gotteshauses geben Rätsel auf

Das Kirchlein auf der Sickinger Höhe, das einst dem heiligen Bartholomäus geweiht war, zählt zu den ältesten Gotteshäusern der Pfalz. Sein Turm stammt aus dem 12. Jahrhundert, die Kirche wird erstmals im Wormser Synodale von 1496 erwähnt. Die Kapelle in Langwieden gehörte zum Kloster in „Laubach", war eine Filiale der Pfarrei des heutigen Labach.

Das ungleiche Verhältnis zwischen dem massigen Turm und dem relativ kleinen Schiff lässt auf ein unterschiedliches Alter schließen. Der Turm ist in romanischem Stil erbaut. Die Strebepfeiler an seiner Ostseite gehen auf die Zeit der fränkischen Kaiser zurück und verraten damit ein Alter, das dem des Speyerer Doms nahe kommt.

Was den alten Turm besonders interessant erscheinen lässt, ist ein römischer Götterstein, der an der Nordseite eingemauert wurde. Der Stein zeigt eine liegende Figur, eine nackte männliche Gestalt. Leider fehlt eine Beschriftung des antiken Denkmals, das seinerzeit als ein Teil der Mauer verwendet wurde. Die damaligen Bauleute hielten das römische Monument jedenfalls für so bedeutend, dass sie es auf diese Weise der Nachwelt überlieferten.

Die angebaute Kirche zählt nach ihren stilistischen Eigenheiten zur Gotik, sie dürfte zu Beginn des 14. Jahrhunderts entstanden sein. Gotisch sind die symmetrische Konstruktion des Chores, sein auf Kreuzrippen ruhendes Deckengewölbe und seine Maßwerkfenster. Aus den unterschiedlichen Entstehungszeiten geben sich einige interessante Fragen. War der ältere Turm früher mit einem Gotteshaus im selben Stil, also mit einer romanischen Kirche verbunden? Ließ er vielleicht einige

Jahrhunderte als einsamer Wachtturm an sich vorüberziehen? Lebt er mit der jetzigen Kirche in erster oder schon in zweiter Ehe? Leider gibt es bis heute keine verbindlichen Antworten darauf.

Langwieden gehörte während der Reformation zur Herrschaft Sickingen. Männer wie Bucer, Oecolampad und Schwebel, die in dem Ritter ihren Gönner und Beschützer hatten, sollen in dem kleinen Raum das Wort Gottes verkündigt haben.

Die Kirche erlebte seit ihrer Entstehung zusammen mit den jeweiligen Generationen manches an Freud und Leid. Die bewegten Zeitläufe gingen an dem Gotteshaus nicht spurlos vorüber. Besonders die Kriege des 17. und 18. Jahrhunderts haben ihre Wunden

hinterlassen. Der Turm trägt als Malzeichen einen Kartätschenschuss mit fünfzehn Einschlägen, der aus nächster Nähe gefallen sein muss. Andere Stellen der Mauer weisen gleichfalls die Spuren von Kugeln auf. Das Gotteshaus in Langwieden bietet ein bemerkenswertes Beispiel einer mittelalterlichen Dorfkirche unserer Region. (khs)

Massiger Turm und relativ kleines Schiff: Das Kirchlein in Langwieden, das einst dem heiligen Bartholomäus geweiht war, zählt zu den ältesten Gotteshäusern der Pfalz. -FOTO: VIEW

Die nachfolgenden Seiten erzählen von meinen unterschiedlichen Erlebnissen, als ich glücklich in meinem Elternhaus aufwuchs und mich glücklich und geborgen fühlte, aber auch von schwierigen Situationen, als wir unseren Hof verkaufen mussten. Was ich danach erlebte, als sich meine Eltern scheiden ließen, die Familie auseinanderbrach und ich keinen Kontakt mehr zu meinem Vater hatte.

Die Zeit, als ich zwei Jahre in Krefeld im Haushalt war, das hat mir schwer zu schaffen gemacht. Ich hatte Heimweh und verlor auch meine Gesellschaft. Danach das eine Jahr als Kindermädchen auf dem Rohrhof, wo ich nicht versichert war. Diese Erlebnisse sollen dem Leser näherbringen, wie es damals eigentlich war.

Rückschau

Nach vielen Jahren halte ich Rückschau und will einige Erinnerungen meiner Jugend erzählen, die ich in meinem Geburtsort Langwieden und anderswo erlebte. Ich spreche heute noch von „zu Hause", wenn ich von meinem Elternhaus erzähle. Es sind keine herausragenden Geschichten, sondern nur kleine Kindheits- und Jugenderlebnisse, heitere und glückliche, aber auch ernste und unerfreuliche, wobei ich die letzteren nicht noch einmal erleben möchte. Mein Heimatort ist das schöne Dörfchen Langwieden. Das Örtchen liegt auf der Sickinger Höhe, umringt von Bergen mit Weiden. Herrlich waren die grünen Weiden anzusehen, auf denen die Kühe grasten. Umringt von Wald, der Ruhe und Gleichmäßigkeit ausstrahlte. Die Erde auf der Höhe ist auch fruchtbar und es gab viele wogende Kornfelder. An meine frühe Kindheit denke ich sehr gerne zurück. Es war eine sehr schöne Zeit auf dem Bauernhof meiner Eltern und Großeltern. Umgeben von Ackerflächen und Wiesen lag unser Hof in landschaftlich schöner Gegend. Langerde heißt das Dörfchen. In der Mitte steht eine schöne alte schlichte Kirche. Damals waren zwei Wirtschaften da, Schuhmachers und Kiefers. Dann gab es noch die Schule mit dem Schulgarten, eine Schmiede, den Kolonialwarenladen und die Post im Eck. Es gab auch einen Bürgermeister, damals Herr Lutz. Die Berge, der Resberg und kleinere Hügel nutzten wir im Winter um Schlitten zu fahren, sowie die Kesselwiesen, wenn sie zugefroren waren um Schlittschuh zu laufen.

Langwieden liegt in einem Tälchen, umringt von Bergen. Der eine Berg in Richtung Landstuhl heißt Spick. Der andere Berg Richtung Martinshöhe heißt Resberg, der zieht sich bis Ausgang Richtung Gerhardsbrunn. Am Ende des Dorfes geht ein Feldweg zum Füllengarten. Jetzt befindet sich dort ein Fußballplatz von der Gemeinde und dem damaligen Bürgermeister Toni Pfaff entstanden.

Als ich noch in der Schule war, übten wir da für die Bundesjugendspiele. Wir mussten aber für die Spiele nach Martinshöhe zum Sportplatz gehen. Erika Burghard war immer die Beste. Der Taubenkopf ist der Berg, der Richtung Wald und Friedhof liegt, sowie die Stelle, an der Tierarzt Guth gebaut hat. Seine Frau starb voriges Jahr im Herbst. Er Anfang des Jahres, was sehr tragisch für deren Söhne ist. Vor ein paar Jahren entstand auch ein Spielplatz oberhalb des Dorfgemeinschaftshauses auf der Hofstadt. Dabei haben viele Freiwillige mitgeholfen. Der Platz ist sehr schön geworden und ist vor allem nicht in der Nähe einer Straße.

In der Mitte des Dorfes fließt ein kleiner Bach, der kommt aus dem Tälchen zwischen dem Altersgarten und den Kesselwiesen vor dem Berg. Er fließt in Richtung Bruchmühlbach. In diesem Tälchen befindet sich auch ein Bombenloch. Es gibt in Langwieden viele Wege zum Spazieren gehen. Der Weg zum Wald kann man am Friedhof vorbei wieder am Wald entlang zurückgehen. Man kommt dort wieder aus dem Wald und ist wieder auf dem Weg, der Richtung Eck geht. Außerdem gibt es noch viele Feldwege, die ich als Kind mit meinen Eltern ging.

Gisela Schwarz, geb. Höh

Flugzeugaufnahme von Langwieden-Pfalz

Meine Kindheit

Als ich 1944 am 30. Dezember auf die Welt kam

Wir gehörten zu dem Standesamt Lambsborn und da mein Vater im Krieg war, so übernahm die Hebamme diese Aufgabe undmusste mich in Lambsborn anmelden. Als sie unterwegs war, musste sie ein paar Mal in den Graben gehen, um den Tieffliegern auszuweichen. Sie sollte mich mit dem Namen Annelie anmelden. Für die Behörde war der Name aber nicht vollständig. Die Hebamme sagte : „Nein, unter diesen Umständen komme ich nicht ein zweites Mal.So nahm denn die Hebamme einfach den Namen meiner Mutter und ich wurde als Gisela eingetragen. Je älter ich werde, ich bin jetzt 65 Jahre alt, sehe ich meiner Mutter immer mehr ähnlich. Ich glaube aber, dass ich mehr zur Familie Höh gehöre, vor allem wegen meines Gerechtigkeitssinnes.

Ich bin in Langwieden, mit noch 3 Geschwistern aufgewachsen. Meine Eltern hatten einen Bauernhof, wo wir recht frei und glücklich aufwuchsen. Meine Mutter war aus Kaiserslautern und wollte aufs Land. Sie war erst 19 Jahre als sie heiratete. Papas Mutter, unsere Oma Katharina, lebte auch mit uns zusammen. An Opa Karl kann ich mich nicht mehr erinnern. wenn meine Eltern auf dem Feld waren, versorgte uns Oma. Da war immer was los, denn meine 2 älteren Geschwister und ich liefen immer von einem Zimmer durch das andere. Unsere Oma hatte ihre Not uns zu bändigen.

Im Sommer, wenn Heu gemacht wurde, nahmen uns die Eltern mit. Zu Fuß ging es dann den Berg hoch, mit dem Rechen auf dem Rücken, in die Maulschbach, das war noch hinter dem Artamshof. Wenn wir Durst hatten, suchten wir uns einen Strohhalm und tranken aus der Quelle. Wir mussten uns dabei auf den Boden legen, das war eine herrliche Erfrischung. Wir waren noch zu klein, um Heu zu wenden, denn das wurde alles von Hand gemacht. Wenn das Heu geholt wurde, waren wir auch dabei. Unsere Lisa und der Rapp (unsere Pferde) wurden eingespannt. Auf den Leiterwagen kam der Wießbaum und Stricke. Wenn das Heu geladen war, kam der Wießbaum in die Mitte auf das Heu, dann wurden die Stricke mit den Löffeln zusammengezogen. Da waren extra Löcher, wo die Löffel hineinkamen und gedreht wurde. Das Heu wurde mit einer Heugabel auf den Wagen gegabelt und dann aufgesetzt. Es musste immer hinterher gerechelt werden. Wenn die Wiese bergig war, mussten mit Gabeln der Heuwagen gehalten werden. Ging es bergab, musste auf und zugedreht werden. Mit den Eisenreifen kam es manchmal zum

Rutschen. Zu Hause wurde das Heu auf den Pferdestall gegabelt und wir Kinder mussten es zusammentreten. Das war ganz schön anstrengend und heiß.

Wenn das Getreide gemäht wurde, waren wir auch dabei. Erst wurde angemäht, die Garben wurden mit Strohseilen gebunden. Mit dem Binder wurden die Garben gebunden. Dann wurden sie aufgesetzt, ich glaube es waren immer 7 Stück (Kasten). Wenn es Regen gab, setzten wir uns in die Kasten. Wenn der Wagen mit den Garben voll war, durften wir uns darauf setzen. Das habe ich heute noch in Erinnerung. Das war so schön, man konnte alles überblicken und roch so gut. Dasselbe war mit dem Heu. Wenn ich heute Heu rieche kommt mir die Erinnerung. Einmal kamen meine Eltern sehr spät vom Heu holen nach Hause. Da war ihnen das Heu umgekippt. Meine älteren Geschwister machten mir Angst. Sie sagten, sie kommen nicht mehr! Ich heulte bitterlich, bis meine Eltern wiederkamen.

Im Sommer gingen wir immer Heidelbeeren pflücken im Mielfeld. Das war oberhalb des Friedhofes. Einmal wurden wir vom Gewitter überrascht, wir schafften es gerade noch, bis zum Schulhaus, das war der reinste Wolkenbruch. Es gab Heidelbeerkuchen, oder wir aßen sie mit Milch und Zucker. Einmal gingen wir mit der ganzen Familie Sonntags-Heidelbeeren pflücken. Mein Vater hatte einen Eimer mitgenommen, der wurde vollgemacht. Das war so schön, als wir durch den lichten Wald gingen und die Sonne schien, das roch so gut. Unsere Oma war immer zu Hause, sie konnte nicht gut gehen. Sie richtete meistens das Essen, da machte sie öfters einen Einbrenn (Mehl und Butter). Da rührte sie mit dem Kochlöffel so lange, bis es braun wurde. Wenn es Zwetschgenkuchen gab, oder Pfannkuchen, stellte sie sie immer auf die Fensterbank im anderen Zimmer.

Sonntags gingen wir oft spazieren. Wir gingen über das Feld. Wenn es windig war, konnte man die Getreidefelder sehen, die sich im Wind wogen. Auch viele Rapsfelder blühten und strahlten im kräftigen Gelb

Mein Schulanfang 1951

mit Volker und Heidi

Mein 1. Schultag

Als mein Bruder Karl auf die Welt kam, schlief ich bei Oma. Ich hörte was schreien, da sagte sie, das ist Nestor unser Hund. Ich staunte nicht wenig, als ich am Morgen meinen kleinen Bruder Karl sah. Mich nannten alle Mausje. Auch Kurt Keller nannte mich so. Er war mein Pate und ein lieber Mann. Erst als ich in die Schule kam, war ich dann die Giesel.

Mein erster Schultag ist mir noch gut in Erinnerung. Ich habe mich an den Beinen gebrennnesselt, da habe ich geschrien! Die großen Mädchen machten mir Wasser auf die Beine. Im Vorhäuschen vor dem Schulsaal war ein Wasserbecken, an dem holten sie Wasser und kühlten meine Beine.

Unsere Schule

Wir waren zusammen 8 Klassen in einem Saal. Als es ans Lesen ging, nahm ich die Sache nicht so ernst und lachte! Meine Mutter brachte mich zum Lauterer Babe. Der brachte mir das Lesen mit einer Handbürste bei. Ich las: „Was Ursel gerne tut, ein Blümlein pflanzen, ein Tänzchen tanzen usw. aber waschen nein, das mag sie nicht." Dabei heulte ich bittere Tränen und tat mir so leid! Aber von nun an konnte ich lesen, aber gut.

Unser Lehrer Seebode war kein schlechter Lehrer. Er hatte eine behinderte Tochter, das machte ihm zu schaffen. Wenn er morgens kam, merkten wir gleich, wie die Laune war. War sie schlecht, konnten wir uns auf was gefasst machen. Er ging mit dem Rohrstock von Bank zu Bank und fragte das Einmaleins. Wusstest du es nicht gleich, bekam man ein Batschhändchen und das tat weh! Wenn er gute Laune hatte, malten wir den ganzen Tag, oder er las uns aus einem roten Buch Märchen vor, oder wir sangen! War es schönes Wetter, schrieben wir an die Tafel: „Der Himmel ist blau, das Wetter ist schön, Herr Lehrer, wir wollen spazieren gehn! Das tat er dann auch meistens.

Unser Sport war, wenn unser Lehrer uns unten am Friedhof, da war damals ein sandiger Weg, marschieren ließ. Wir waren auch mal in Landstuhl auf der Burg und in Frankfurt im Zoo, da war seine Frau mit. Einmal gingen wir übers Feld, da fragte er mich, welches Getreide es wäre.

1. Schultag 1950 von Volker

Landstuhler Burg 1952-53

Langwiedener Schule, 21. Mai 1953

20

Herr Keller mit Kindern (Schitze)

v.l. Heinz Seebode, Schwiegereltern,
Schwager Kurt, Frau Hertha
vorne Lorle und Ursel

Fam. Heinz Seebode,
Lehrer von Langwieden

Frau Seebode,
Ursel und Lorle

Hertha und Heinz Seebode

21

v.l. Ehepaar die in
Kellers Unterkunft
hatten

l. Vater Keller, Tochter Selma, Tochter Hertha, Schwiegertochter Alma,
Ursel Seebode, Kurt Keller

Liesel,
Ursel, Inge, Lorle

Ursel Seebode

22

Ich verwechselte Gerste mit Weizen, da bekam ich eine schallende Ohrfeige, ich schämte mich!

Unser Lehrer war früher mal ein Taubstummenlehrer. Unser Lehrer war auch künstlerisch begabt. In unserer Schule stand ein Kasten, in dem hatte er aus Kreide Langwieden bis Martinshöhe landschaftlich angepasst; er machte Häuser und Kirchen aus Kreide. Es sah alles sehr bunt aus. Auf dem Kasten war eine Glasplatte. Auf dem Gebiet konnte er was.

In der Schule hatten wir einen Schrank, da waren die Landkarten und ein dicker Völkerball, sowie ein Seil, Wurfringe und Säckchen drin. Den Völkerball bekam ich mal auf die Nase, das tat weh! Mit dem Seil hüpften wir immer sehr gerne. Zwei schlugen und dann musste man einspringen. Wir spielten auch, schau dich nicht um, der Fuchs geht herum. Dabei mussten wir einen Kreis machen. Einer lief herum und lies ein Taschentuch fallen, wenn man es nicht merkte, musste man in die Mitte bis der nächste einen ablöste. Auch spielten wir Schornsteinfeger ging spazieren, die goldene Brücke oder Ringlein, Ringlein du musst wandern.

An Pfingsten

An Pfingsten machten die Buben einen Pfingstquack. Sie holten Bremmen und steckten sie in einen Leiterwagen. Wir Mädchen gingen mit einem Korb von Haus zu Haus und sammelten Blumen. Die wurden dann am Pfingstmorgen in die Bremmen gesteckt. Wir Mädchen machten uns aus Margeriten ein Kränzchen und zogen es auf den Kopf. Außerdem hatten wir Brennnesseln, damit niemand den Quack erkennen konnte. Der Quack war ein Junge, der saß im Wagen und musste Quaken. Aber zuerst sagten wir unseren Spruch: Ri, ra, ro, die Pfingste die sin do. Aier raus, Aier raus, sunscht schla mer e Loch ins Hinkelshaus, reiß im Hah de Schwanz eraus. Sauf die Aier all aus. Aier oder Geld, sunscht werds anner Johr bei eich geschellt. So zogen wir von Haus zu Haus, sammelten die Eier in einem Korb. Zum Schluss wurden die Eier geteilt. Die pickten wir an und tranken sie aus.

Meine Mutter konnte schön malen.

Im Rechnen war sie so gut, dass die Schüler sagten, sie könne besser rechnen als die Lehrerin. Sie hatte kaum die Aufgabe an die Tafel geschrieben, so hatte sie schon die Lösung. Im

Gegensatz zu mir, ich hatte immer ein paar Probleme mit den Teilaufgaben. Wenn meine Mutter neben mir saß, so wusste ich dann gar nichts mehr, weil sie keine Geduld mit mir hatte. Aber ich lernte es auch noch, es dauerte nur ein bisschen länger.

Muttertag

Wenn Muttertag war, brachten wir Mutti immer einen Strauß Butterblumen. Die gab es in dieser Zeit immer. Sie hatte am 12. Mai Geburtstag, da freute sie sich immer.

Unser Lehrer ging mit uns auch in die Kartoffeln, dort lasen wir die Kartoffelkäfer von den Stöcken. Familie Burkard war für das Putzen und Feuer anmachen in der Schule zuständig. Herr Burkhard hackte Holz. Er hatte nur ein Bein und ein Holzbein. Wir Schulkinder trugen das Holz auf unserem Arm auf den Speicher, jeder wollte mehr machen. Wenn es kalt wurde, machte Frau Burkhard Feuer in einem großen Ofen an. Wenn man daneben saß, konnte man es kaum aushalten. Sie ölte auch den Boden, das roch nicht so gut. Wenn es uns Mädchen langweilig war, so zupften wir uns gegenseitig die Wolle aus den Jäckchen und Pullovern, bis wir ein kleines Nestchen hatten. Im Winter hatten wir auch noch mittags Schule, das war auch ganz schön.

Beim Schlitten fahren

Wenn viel Schnee lag, fuhren wir Schlitten. Unser Lehrer war auch mal mit, den haben wir ganz schön eingeseift. Volker besaß eigene Schlittschuhe Sobald ein bisschen Eis da war, holte ich sie mir schnell. Sie wurden einfach an die Schuhe geschraubt, aber Volker bemerkte es immer gleich und nahm sie mir dann wieder weg. Die Jungs bauten eine Sprungschanze und ein Iglu. Das war immer sehr schön, wenn wir über die Sprungschanze fuhren. Abends liefen wir die Spick hinauf mit dem Schlitten, die wurden aneinandergehängt. Der Vorderste lenkte, er lag auf dem Schlitten (Bauchplatscher) und lenkte mit seinen Füßen, die er hinten am nächsten Schlitten einhängte, den Berg herunter, das war immer eine Gaudi. Damals waren die Straßen noch nicht gestreut worden. Im Dorf waren die Leute nicht immer begeistert, wenn wir die Straße glatt machten, sie streuten dann mit Asche. Volker fuhr einmal mit dem Schlitten, auf dem er lag den Resberg herunter. Dabei hatte er eine

Motorradbrille auf und stürzte dabei. Das ganze
Gesicht war voller Schrammen.

Die Dreschmaschine

Im Winter wurde auch gedroschen. Wenn die
Dreschmaschine kam, wurden die Garben
aufgeschnitten und eingelegt. Da half ein Bauer
dem anderen, denn dazu brauchte man viele Leute.
Das Getreide wurde abgesackt und musste auf den
Speicher getragen werden. Wir Kinder zogen das
Stroh von der Maschine mit einem Krappen in die
Scheune. Das waren damals dicke Ballen und sehr
schwer. Die Maschine machte einen Mordskrach
und es staubte fürchterlich. Der Maschinenführer
musste immer dabei sein. Für die Familie und die
Helfer gab es dann immer ein großes Essen und
Schnaps!

Im Winter gab es auch gemütliche Stunden. Im
Schlafzimmer von meinen Eltern war ein Ofen, der
machte sehr warm, das war eine gemütliche Ecke.
Papa sägte Märchenbilder aus und malte sie an.
Mutti konnte sehr gut malen und vorlesen, von Heidi
und Rosenresli oder anderen Erzählungen von
Johanna Spyri. Sie hatte eine Strickmaschine und
strickte uns schöne Sachen. Sie war auch sehr

musikalisch. Mutti wollte Musik studieren, durfte aber nicht. Sie konnte Akkordeon und Mundharmonika spielen und schön singen. Papa hatte auch mal Trompete und Geige gespielt. er spielte auch leidenschaftlich gerne Theater.

An Weihnachten

An Weihnachten wurden wir abends gebadet, in einer Wanne in der Küche. Dann gab es warmer Kakau und Brötchen. Wir mussten warten, bis es klingelt. Zuvor hat ein jeder seinen Wunschzettel ans Fenster gehängt, der wurde dann vom Christkind geholt. Endlich war es soweit, es klingelte! Der Weihnachtsbaum war angezündet, da hingen gläserne Engel und bunte Kugeln, viel Lametta und Engelshaare und Spritzkerzen. Meine Schwester Heidi und ich bekamen die Puppenstube mit einem Herd und Spiritus. Wir rieben das Gebäck und kochten. Volker bekam eine Eisenbahn und Karl, mein Lieblingsbruder, bekam ein Dreirad. Ich spielte am liebsten mit der Eisenbahn. Da konnte man die Schienen ineinander stecken und das Dach auf und zu machen von den Wagons. Mutti erzählte, als Heidi zum ersten Mal den Christbaum sah, nahm sie eine Kugel und steckte sie in den Mund.

Onkel Ludwig war der Nilolaus

Wenn der Nikolaus kam, war das immer spannend.
Es war dunkel im Zimmer, auf einmal klopfte es an
die Tür und der Nikolaus leerte einen Sack aus, mit
Äpfel und Nüssen. So Schnell, wie er kam, ging er
auch wieder. Es war Papa`s Onkel Ludwig. Onkel
Ludwig hat seinen Sohn Willi im Krieg verloren.

Als Onkel Ludwigs Frau starb und er allein war,
schliefen Volker und ich ab und zu bei ihm. Er zog
immer eine Zipfelmütze auf. Er wärmte sein Bett mit
einem Backstein, den machte er im Backofen heiß
und wickelte ihn mit Papier ein. Er hatte eine große
Korbflasche mit Apfelsaft, den durften wir immer
trinken. Er gab uns auch Rätsel auf;" 4 Rolle, 4
Stolle, 8 Tripp Trapp, e Knotsack un es Bellhinche,
was ist das?" Das waren 2 Pferde, 1 Wagen, 1
Peitsche und ein Hund.

„Was ist der Unterschied zwischen dem Lehrer und
dem Mond?" Der Lehrer ist jeden Abend voll und
der Mond nur einmal im Monat! Das musste Volker
den Lehrer fragen. Onkel Ludwig hatte auch
Hühner. Er besaß richtige Holzschuhe, die er öfters
anhatte. Mit Volker fuhr er manchmal nach
Zweibrücken um Apfelsaft zu kaufen, den er im
Rucksack transportierte.

Die Geschichte von unserem Gänschen!

Wir hatten eine weiße Legegans. Eines Tages brachte uns der Sohn von unserem Nachbarn eine tote Gans, die war weiß und dunkel. Sie wäre unser. Unsere Gans war weiß und verschwunden. Nach ein paar Tagen kam unser Gänschen durch den Zaun in unseren Stall. Die Nachbarsfrau hinterher. Sie nahm die Gans am Flügel, Mutti am anderen Flügel. Sie schrie, die Gans is us, die Gans is mei. So sprechen sie aus Lauterecken. Auf einmal kam Oma und packte sie an der Schürze. Da lies sie die Gans los. Als wir später meinen Bruder Karl fragten: „Was hat die Frau gesagt? – Die Gans is us, die Gans is mei!" sagte er.

Wie wir spielten

Wir hatten einen zweistöckigen Speicher, von da aus konnte man ganz Langwieden überblicken. Volker und ich turnten barfuß im Getreide herum. Ganz oben waren viele alte Sachen, das war immer interessant, wenn wir da oben waren. Weiter unten war ein kleines Zimmer, da waren alte Matratzen drin, auf den hüpften wir herum und spielten. Im ersten Stock hatten wir einen großen Flur. Es stand da ein schönes altes Kinderbett, da spielten wir mit unseren Puppen. Heidi hatte eine große Puppe, die hatte richtige Gelenke, sie konnte auch die Augen bewegen und hatte richtige Wimpern und Haare. Die Puppe war, glaube ich, wertvoll, also für mich nicht so geeignet. Ich hatte eine normale Puppe, mit der konnte ich auch nicht so zimperlich umgehen. Heidi war im Gegensatz zu mir, ich glaube zarter. Sie machte sich nicht so schmutzig und machte auch nichts kaputt. Ich dagegen musste mich gegen die zwei älteren Geschwister wehren und verteidigte mich auch ziemlich heftig. In der Schule habe ich mich auch nicht gefürchtet. Ich kam oft heim, war schmutzig und hatte die Strümpfe kaputt. Das kam bei Heidi nicht vor. Ich glaube ich war als drittes Kind ein kleiner Rebell. Einmal hatte ich Nasenbluten. Volker hatte mir auf die Nase geschlagen. Oma hat sich immer aufgeregt und machte: "Hmm, hmm, hmm. Sie schlug mit der Außenseite der Hand, traf aber nicht, wir waren schneller.

Der Lauterer Babbe hatte uns einen leeren Schweinestall hergerichtet. Da konnten wir schön spielen. Es kamen auch viele Nachbarskinder zum Spielen. Ich wollte auch mitspielen, da ging mir unser Gansert nach. Er schmiss mich um, ich lag auf einem Stein. Wenn Nachbars Otto nicht gekommen wäre, hätte er mich totgemacht. Er hat mir innen in die Backen gebissen. Meine Mutter hat mir mit Schnaps die Wunden sauber gemacht! Sie fuhr mich mit dem Kinderwagen nach Martinshöhe zum Arzt. Der Gansert wurde am nächsten Tag geschlachtet.

Als wir Masern hatten

Als wir die Masern hatten, wurden die Fenster verdunkelt. Wir drei waren in zwei Zimmern, da ging es uns nicht gut und die Augen waren verklebt.

Karl kam erst später auf die Welt. Mit ihm fuhren wir Richtung Spick, mit dem Kinderwagen an die Spatzenkirschen. Auf einmal sahen wir, wie er sich zugerichtet hatte! Er hatte die Windel voll und war ganz verschmiert. Da fuhren wir aber schnell nach Hause, denn damit wollten wir nichts zu tun haben. Später als Karl größer war, habe ich sehr an ihm gehängt. War er nicht da, so gab es keine Ruhe, bis ich ihn gefunden hatte. Er fiel zweimal auf den Rost vor der Tür und musste geklammert werden. Das hat mich sehr aufgeregt.

Wir spielten auch viel mit den Kindern im Dorf.
Da war ein großer roter Sandhaufen, da bauten wir Burgen und Höhlen und sahen danach recht gut aus. Von Kastanien machten wir uns einen Stall, das waren unsere Kühe. Iris Neu war meine Freundin, mit der spielte ich viel Ball. Wir könnten uns damit gut verweilen. Wir fingen an mit Händepatschen, Ärmchen, Schiffchen, Fäustchen, Knie, Kellerloch und Rücken. Heute sieht man die Kinder nicht mehr so spielen. In der Schule hickelten wir und machten Hickelhäuschen. Wenn es Frühjahr wurde und die Sonne schien, machten wir Klickerlöcher. Wir spielten zicke , zacke, zei . Wer am ersten im Loch war, durfte die Klicker behalten. Die Buben haben meistens besser gespielt und uns die Klicker herausgelaust. Beim Abwerfen verloren wir auch und mussten wieder neue Klicker kaufen. Am schönsten waren die Glasklicker (Murmeln). Wir machten uns auch selber welche aus Lehm. Die trockneten wir im Backofen und malten sie an. Nur die hielten nicht lange und gingen kaputt! Kaiser, wieviel Schritte darf ich gehen, spielten wir auf der Straße im Eck oder eins zwei drei fauler Hering. Auch mit dem Reifenschlagen war es sehr schön. Wir liefen auch auf selbstgemachten Stelzen. Im Heu machten wir uns Höhlen und spielten verstecken.

Als Volker Eier suchte

Volker war auf Eiersuche und als er auf den Graswagen sprang, kam er mit dem Bauch auf einen Holzstorzen. Mutti trug ihn ins Bett. Als sie fragte, ob er was essen wolle und es ihm sehr schlecht ging, machte sie sich große Sorgen! Volker aber erholte sich schnell wieder. Als Volker zwischen zwei und drei Jahren war, fiel er vom ersten Stock aus dem Fenster, er war auf dem Rücken ganz blau und musste auf harten Matratzen liegen. Einmal, als unser Schlepper im Hof stand, spielte ich mit den Gängen, der Schlepper fuhr den Hof hinunter, zum Glück konnte mein Vater ihn zum Stehen bringen. So war halt immer was los mit uns Kindern. Wir hatten ein Schäfchen. Als Volker es reiten wollte, brach er dem Schäfchen das Kreuz. Als mein Vater Gras mähte, lief ihm unser Hund Nestor ins Messer. Papa brachte ihn im Leiterwagen heim. Die offenen Pfoten sahen schlimm aus, aber sie heilten schnell wieder zu.

Als ich mit fünf Jahren Rad fahren lernte

Wir hatten kein kleines Rad, sondern ein normales stabiles Damenfahrrad. Anfangs wurde ich noch festgehalten. Ich weiß noch genau, dass ich die Straße bei Jenets anfing, und auf einmal bergauf

fahren konnte. Ich stand in dem Bau und fuhr dann
allein weiter. Ich war damals so stolz, dass ich
immer wieder fuhr.

Unser Pferd Lisa hatte mal Nierenkolik, sie hatte
eine Decke auf dem Rücken und wurde so lange
mit einem warmen Bügeleisen gewärmt, bis sie
wieder Wasser lassen konnte. Vor den Pferden hielt
ich immer ein bisschen Abstand, denn manchmal
schlugen sie aus. Mein Großvater versorgte immer
erst die Pferde, wenn er vom Feld kam, bevor er
essen ging, erzählte mir meine Mutter. Wir hatten
einen schönen Garten. Wenn meine Mutter grub
und rechelte, war ich meistens dabei. Das war für
mich immer interessant zu sehen, mit welchem
Geschick meine Mutter das machte. Der Garten
grenzte direkt an Familie Schuhmacher, die hatten
eine Gastwirtschaft. Wir konnten in den Hof sehen,
der etwas tiefer war. Unsere Nachbarin war, glaube
ich, Nervenkrank. Volker und ich hörten immerzu,
wenn sie schrie: „Du Graul, du Graul!" Dann schlug
ihr Mann sie immer.

Unser Garten

Außer diesem Garten hatten wir noch den Altersgarten. Der war ganz in der Nähe. Dieser Garten war sehr lang. In der Mitte war ein Pfad. Jeder von den Bauern hatte da links und rechts von dem Pfad einen gleich großen Garten. Meistens nahm mich meine Mutter abends mit. Viele säten dort ihre Futterrüben für später aufs Feld zu setzen. Diese wurden dann gerupft, in eine Wanne gesetzt und mit nassen Säcken feucht gehalten. Bei günstigem Wetter wurden sie auf dem Feld mit einem Setzholz gesetzt. Einmal ging ich mittags alleine hin. Da war so eine schöne dicke, rote Erdbeere, aber nicht in unserem Garten. Ich schlich mich hin, rupfte sie ab und aß sie schnell! Die schmeckte gut. Aber ich hatte kein gutes Gewissen. Wenn es da auf dem Pfad nass war, waren immer so viele Nacktschnecken im Gras.

Unsere Ferkelzucht

Wir züchteten selbst Ferkel und hatten ein paar Mutterschweine. Diese wurden mit der Milch von unseren Ziegen aufgezogen und später verkauft. Wenn geschlachtet wurde, wurde der Schinken, der Bauchlappen und der Speck gesalzen. Anschließend wurde das Fleisch geraucht. Das magere Fleisch wurde eingekocht. Die Wurst kam in Dosen. Auch hatten wir eine Räucherkammer.

Von meiner Schwester Heidi

Im Herbst wurde Latwerch gekocht. Im Kessel wurde dann zwei Stunden lang mit einem riesigen Holzlöffel gerührt. Wenn der Latwerch spritzte, sagte Heidi: „Der Latwerch fitzt!"

Bei uns waren auch Soldaten, die spielten Karten, da war Heidi auch dabei. Sie sagte. „Eweil dut sich was!", das erzählte uns Mutti, da lachten alle!

Von dem Verkauf der Kartoffeln

Wenn mein Vater Kartoffeln in Landstuhl verkaufte, nahm er Volker und mich mit. Wir saßen auf dem Wagen und den KartoffelnDa waren wir in der grünen Laterne und bekamen was zu essen. Auf dem Heimweg kehrten wir im Hotel „Goldener Adler" ein und bekamen was zu trinken. Da waren wir sehr stolz! Bei der Kartoffelernte halfen manchmal von Ilvesheim, von Muttis Tante, die Söhne. Ich weiß noch, dass Papa die nicht haben wollte und sie mussten wieder heim fahren. Einmal half ein Tagelöhner Kartoffeln lesen. Hinterher merkten wir, dass er die dicken Kartoffeln in die Erde trat und sie später holte!

Als meine Mutter Lungenentzündung hatte

Als meine Eltern einmal Heu holten, wurde meine Mutter krank. Sie bekam Lungenentzündung. Ich weiß noch, dass ich ihr Wasser brachte. Sonst kümmerte sich niemand um sie. Erst am nächsten Tag holten sie den Arzt. Als der Arzt kam, lag sie noch mit Heu auf den Haaren und an den Kleidern im Bett. Der Arzt schimpfte! Da sagte Oma und mein Vater: „Sie dachten, es wäre wieder ihr Asthma!" Von Ilse (damals Laufer) und Iris Mutter Lisa bekam sie Essen gebracht, so krank war sie. Papa sagte, er halte sich am liebsten im Krankenzimmer auf, wegen dem guten Essen. Ilse schimpfte.

Wenn geschlachtet wurde, waren oft die Ilvesheimer (liegt in der Nähe von Mannheim) da und nahmen Fleisch mit. Da war immer Krach. Papa sagte: „Sie solle es uns Kindern geben!"

Familie Eicher

Heidi hatte ein Akkordeon und bekam
Musikstunden beim Ecker in Landstuhl. Sie konnte
gut spielen. Manchmal spielte auch Eichers Roland
mit, die wohnten bei Heintze in Miete und hatten nur
zwei Zimmer. Herr Eicher war Schuhmacher. Er
hatte eine Ecke im Zimmer. Mit einem Vorhang
teilte er sie auf und reparierte darin die Schuhe.
Mutti und Familie Eicher spielten Karten (Rome`).
Abends nahm mich meine Mutter als mit.

Von unserem Knecht

Wir hatten einmal einen Knecht. Als er wieder
fortging, hatte er das Akkordeon mitgenommen. Die
Polizei hat ihn aufgegriffen. Da bekamen wir es
wieder zurück. Von uns gegenüber wohnte Familie
Lutz. Agnes war auch als bei uns. Hilda, die
Schwester führte den Haushalt, den Garten und den
Stall. Sie hatten noch den Alvis, Julius, Adolf und
Willi. Wir spielten auch miteinander. Morgens, wenn
Willi in die Schule musste, aß er eingebrocktes, das
war Brot in Würfel geschnitten, mit Kaffee, Milch
und Zucker, das schmeckte sehr gut.

Von unseren Nachbarn, der Familie Lutz

Lutze hatten auch Gänse, davon kam auch als eine Legegans zu uns ins Brennhaus. Da kam Hilda dann, um Eier von ihrer Gans zu holen, deswegen war immer was los. Frau Lutz war immer im Haus, man sah sie nie draußen. Herr Lutz war Bürgermeister. Familie Lutz war nicht von Langwieden. Sie waren aus der Rheingegend. Der Hof gehörte auch nicht ihnen, den hatten sie gepachtet.

Wie meine Mutter zum Lautrer Babbe kam

Der Lauterer Babe war in Wirklichkeit ein Onkel von meiner Mutter. Unsere Oma war aus Mannheim. Wir durften zu ihr nur Tante Luise sagen, sogar Mutti durfte nicht Mutter, sondern auch nur Tante Luise sagen. Aber im Dorf wussten es alle. Meine Mutter ist in Heidelberg geboren. Von da brachte unsere Oma unsere Mutti in ein Heim. Muttis Vater hatte auch eine Drogerie und war katholisch. Deswegen heiratete unsere Oma Luise ihn nicht. Omas Mutter starb im Kindbett. Sie wurde mit dem Kind im Arm begraben. Ihr Vater hätte sicherlich gerne einen Sohn gehabt und deshalb rief er meine Oma nur mit Luis. Er zog mit unserer Oma in der Welt herum. Ihn selbst nannten sie den Baron.

Muttis Tante (Kühlwetter) besuchte mit unserer Oma Luise Mutti im Heim. Ich glaube Mutti war da so drei bis vier Jahre alt. Als Tante Kühlwetter sie was fragte, sagte sie: „Ja, bitte, wenn ich darf!" Da nahm sie Mutti unter ihrem Mantel mit nach Hause nach Kaiserslautern. Tante Kühlwetters Mann war oft betrunken, er war gewalttätig und warf Mutti in ihrem Kinderbett an die Wand, dass sie aus Mund und Nase blutete. Es stellte sich niemand gegen ihn, bis auf Onkel Karl, Babbes Sohn. Er holte Mutti weg und nahm sie mit nach Hause, in Kaiserslautern. Onkel Karls Frau war herzkrank und konnte oft nicht aufstehen, so war ihr Mann froh, dass Mutti bei ihr war. Babbe war als Stuckateur beruflich viel unterwegs und Onkel Karl war Student und auch viel weg. Er wurde Kriminal-Oberinspekteur. Babbes Frau war sehr gut zu meiner Mutti und nahm sie auch in Schutz. Als sie starb, war Mutti noch keine 10 Jahre alt. Babbe heiratete wieder; wir sagten zu seiner Frau Mamme. Als Babbes Tochter Lehnchen ein uneheliches Kind bekam (Irene) nahmen Babbe und Mamme sie auf. Als Irene größer war hatte Mutti nichts mehr zu lachen. Da Irene ja Babbes Enkelkind war, glaubte er ihr eher als Mutti. Sie log viel und Mutti bekam öfter als einm,al ihr Bündel vor die Tür gesetzt. Da sagte er, das ist mein Enkelkind und du kannst gehen, wenn es dir nicht passt und schlug sie oft. Erst später, als meine Mutter schon verheiratet war, und ihm Irene erzählte, wie oft sie ihn hintergangen hatte, da bekam er Reue und bat um Abbitte bei Mutti. Sie sagte dann, die nimmt mir keiner mehr ab, die du mir gegeben hast.   Oma Luise hatte in Mannheim die Storchendrogerie. Sie bezahlte jeden Monat Unterhalt für Mutti. Wenn das Geld nicht pünktlich da war, so war Babbe auch nicht zu genießen, sagte Mutti.

Mit 19 Jahren wollte sie von zu Hause weg. Frau Bart vermittelte ihr dann Papa. Das waren Verwandte von Hütschenhausen und meiner Oma. Da meine Mutter aufs Land wollte, so gefiel ihr es in Langwieden. Sie heiratete meinen Vater in der Apostelkirche in Kaiserslautern, die später im Krieg innen fast vollständig zerstört wurde. Aber die große Liebe war es nicht. Sie erzählte mir mal, dass Papa sagte: „Das wird auch noch kommen". Mutti's Vater war auch Drogist. Mutti sah ihm sehr ähnlich. Er war aber katholisch. Die Eltern waren gegen eine evangelische Trauung. Es kam zum Streit und eine Hochzeit kam nicht zustande. Später heiratete sie Onkel Fritz und bekam Dieter. So hatte Mutti einen Stiefbruder und angeblich hatte er die ganze Zeit nichts von seiner Stiefschwester gewusst. Erst als Oma Luise Starb, erfuhr er es. Er stellte dann Mutti seinen Verwandten als seine Schwester vor.

Wie meine Mutter meinen Vater kennenlernte und wie sie nach Langwieden kam

Meine Mutter arbeitete in der Lambertsmühle im Büro, da fuhr sie mit dem Rad immer hin. Dort wurde sie an einer großen Rechenmaschine angelernt, da die Frau, die sie normal bedienen musste krank war. Am Ende konnte sie sie besser bedienen, als ihre Vorgängerin. Da sie für diese Leistung auch mehr Gehalt forderte und dies nicht bekam , kündigte sie darauf kurzerhand. Sie war auch mal im Bayrischen im Arbeitsdienst. Ich glaube bei Familie Vilsmaier, einem Verwandten von Joseph Vilsmaier, der später als Regisseur mit Filmen wie Herbstmilch bekannt wurde. Sie hatten einen Sohn, der aber viel älter war sls Mutti. Der wollte sie heiraten, aber Mutti war noch so jung.

Mutti

Pflegeeltern von Mutti,
Onkel Karl, Babe
Tante Elise, Mame

Volker (2 J.), Ich (1 J.), Heidi (3 J.)

44

Mutti und Papa

Verlobung meiner Eltern

Papa mit Mädels vom Arbeitsdienst

Oma Luise und Mutti

v.l. Mutti, Papa, Oma K. Mama, Irma K.,
Baba, Opa Karl, vorne Freundin u. Irene

Hochzeitsfeier zu Hause

meine Eltern vor der Apostelkirche

Kaiserslautern

Papa, Mutti und Heidi

v.l. mein Vater, die Taufpaten Ilse Laufer, Emil Heintz, Irma Strauß und Willi Höh (gefallen)

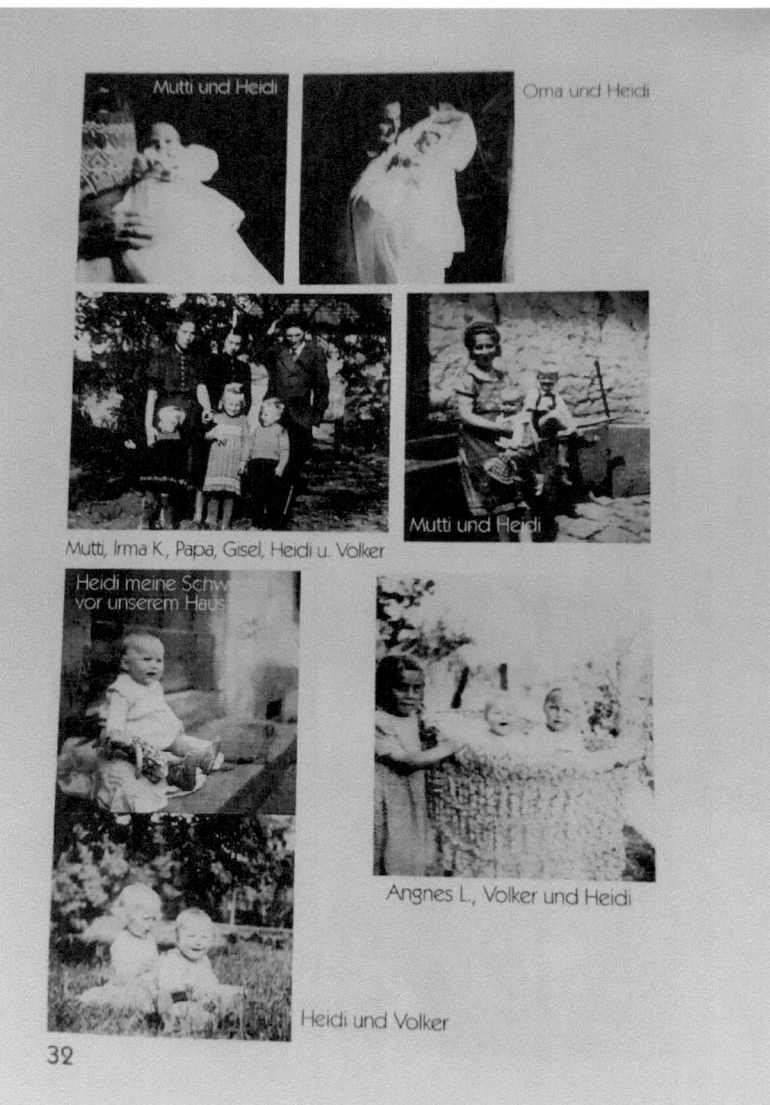

Mutti und Heidi

Oma und Heidi

Mutti, Irma K., Papa, Gisel, Heidi u. Volker

Mutti und Heidi

Heidi meine Schw
vor unserem Haus

Angnes L., Volker und Heidi

Heidi und Volker

32

Mein Bruder Karl (2-3 J.)

Oba Karl
1943-1944

Oma mit Heidi

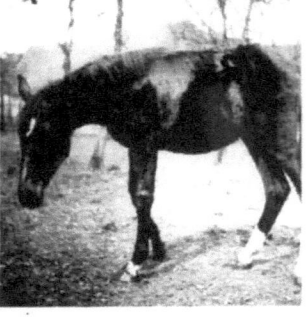

Pappa mit Rapp

Mutti, Papa und unser Rapp, beim Kartoffeln legen

Kerwe 1954 v.l. Christel Zapp, Manfred Z.,
Iris Neu, Gisela Höh und Gerdrut Scherer

Karl (7 J.) und Gisela (12 J.)

Hochzeit von Heidi und Alfons

v.l. Schwiegervater Scherer,
Heidi und Alfons,
r. Herr Göbel

49

Als Mutti noch in der Schule war, steckte ihr ein Schüler ihre Zöpfe in ein Tintenfass. Sie wehrte sich und sollte sich entschuldigen. Das tat sie aber nicht. Der Lehrer, ein überzeugter Nationalsozialist, erstattete den Pflegeeltern davon Bericht. Babbe glaubte ihr nicht und schlug sie mit einem Besenstiel grün und blau. Mutti zeigte am anderen Tag dem Schulrat, wie sie aussehe und erzählte von der ihr zugefügten Ungerechtigkeit. Dieser Mann sorgte dann dafür, dass sie in eine andere Klasse kam.

Unsere Verwandten von Papa

Meine Oma Katharina war aus Hütschenhausen. Sie hatte noch zwei Geschwister. Onkel Alfred Strauß und Lina Strauß. Beide heirateten nach Langwieden. Meine Oma, Karl Höh und Tante Lina.

Onkel Friedrich Laufer war Schmied. Sie hatten drei Kinder: Onkel Kurt, Tante Anneliese (sie war meine Patin) und Tante Ilse. Opa Karl hatte drei Brüder : Onkel Eduard, Onkel Höh und Onkel Ludwig, sowie eine Schwester, Tante Anna. Sie war Volkers Patin und wohnte in Wellesweiler im Saarland. Volker war da mal in Ferien. Sie hatten eine Bäckerei. Der zweite Onkel Höh heiratete eine Tachter von Höh aus Langwieden und sie zogen nach Weselberg. Er hat sich später im Wald aufgehängt. Sie hatten zwei Kinder, Tante Edwine, sie war meine Patin und Onkel Kurt. Sie waren auch Landwirte. Onkel Eduard wohnte in Niederkirchen und hatte ein Textilgeschäft. Wenn er auf Besuch kam, so hatte er immer eine dicke Zigarre im Mund.

Mein Vater und wie die Langwiedener ihn zum Besten nahmen

Mein Vater war einziger Sohn. Er hatte noch eine Schwester, die aber noch als Säugling starb. Als unser Opa Karl vom ersten Weltkrieg nach Hause kam, erstickte sie in der Nacht an ihrem erbrochenen. Als mein Vater dann auf die Welt kam, wurde er dann von Oma überbehütet. Solange Opa Karl noch lebte, ging es mit der Landwirtschaft. Als mein Vater für den Krieg eingezogen wurde, war er für kurze Zeit im Ruhrgebiet stationiert. Um ihn noch einmal zu sehen fuhr Mutti den weiten Weg dorthin mit der Bahn. Als sie an kam, wurde die Stadt von Tieffliegern angegriffen. Sie sah, wie ein Bauernhof einen Volltreffer bekam und wie Schweine durch die Luft gewirbelt wurden. Sie war heilfroh, dort unverletzt wieder heraus zu kommen. Als mein Vater im Krieg in Norwegen gefangen genommen wurde und an oder vor Weihnachten nach Hause kam, war er sehr verändert. Der Krieg hat ihn krank gemacht. Damals ging man deswegen nicht zum Arzt und so konnte ihm auch nicht geholfen werden. Als sein Vater starb und er auf sich allein gestellt war, konnte er nicht so selbständig arbeiten, wie es nötig gewesen wäre. Oma sagte ihm, wo er aufs Feld musste, obwohl sie schon lange nicht mehr selbst dort war. Zu allem Übel wurde er von den Bauern noch zum Besten genommen. Volker kam mal nach Hause und weinte. Papa hatte von dem Wagen die hinteren Räder, die ja größer waren nach vorne gemacht und die vorderen nach hinten. Sie sagten ihm, so ginge es besser. Fuhr er zum pflügen, sagten oder schickten sie ihn heim, einen anderen Pflug zu holen. Auch setzten sie ihm die Mütze verkehrt herum auf den Kopf und hatten ihren Spaß daran.Da er auch so unselbständig erzogen war, so war er gutgläubig und naiv. So halfen die Langwiedener noch dazu bei, dass es bergab ging, wo sie meinen Vater zum Besten nahmen.

Als Papa den Unfall hatte

Kurt Mang war Karl' s Bruder. Mein Vater war sein Pate. Einmal warf Kurt Steine auf unseren Hund. Papa sagte, wenn er nicht aufhöre, so werfe er zurück. Kurt hörte nicht auf und so warf Vater zurück und traf ihn am Kopf. Später, als wir in Onkel

Ludwig' s Haus wohnten, hatte mein Vater einen Unfall mit dem Auto. Sein Patenkind Kurt kam von Bruchmühlbach mit seinem neuen Motorrad. Er hatte so ein Tempo drauf, dass Gilchers Adolf nicht mehr nach kam. In der letzten Kurve erwischte mein Vater ihn mit dem Spiegel, weil Kurt die Kurve schnitt. Er wurde um einen Baum geschleudert und war tot. Papa verlor die Nerven und wollte sein Auto die Böschung runterschieben. Das war dann Fahrerflucht. Als er nachts nach Hause kam, den Anblick vergesse ich nicht. Er ging durch unser Schlafzimmer. Er war ganz verstört. Mein Herz klopfte bis zum Hals. Unten hörte man Leute, die wollten ihn lynchen. Er musste noch in der gleichen Nacht weg. Wohin weiß ich heute nicht mehr. Wenn er nicht Fahrerflucht begangen hätte, wäre er gar nicht schuld gewesen. Bevor mein Vater wegfuhr, hatte er Streit mit meiner Mutter. Sie warf ihm das Geld, das er in der Gärtnerei Dengel verdient hatte vor die Füße. Vater trank Alkohol. So nahm das Schicksal seinen Lauf. Papa musste ins Gefängnis. Das bekamen wir in der Schule auch zu spüren. Da hieß es Vater ist im Kittchen. Vor allem Erika, später kam ihr Bruder auch bei einem Unfall ums Leben und der Nachbarjunge Fritz. Der Unfallfahrer war Horst, der Sohn von Herrn Nickolai. Dieser hatte auch über meinen Vater hergezogen und jetzt verursacht sein Sohn den Tod von zwei Menschen. Später sagte er mal, ich sage nichts mehr über

Alfred, wo uns auch so was Schlimmes zugestoßen ist. Das war, nachdem wir von unserem alten Hof in Onkel Ludwigs Haus gezogen sind. Der Hof von Papa wurde mit dem ganzen Land und Inventar verkauft. Das Land von Onkel Ludwig war bis auf zwei Parzellen verpachtet. Zei Stücker davon haben wir bewirtschaftet

Von der Kerwe

Wenn Kerwe war, so hatten wir Kinder auch unsere Freude. Bevor die Kerwerede war, zogen die Straußbuben und die Kapelle von Haus zu Haus, machten Musik und es wurde getanzt. Wir Kinder liefen auch mit und hatten auch bunte Bänder vom Strauß an uns gebunden. Wenn der Zug fertig war, wurde in Kiefers Hof der Hammel heraus getanzt. Jedes Paar bekam eine Runde ein Sträußchen, das wurde dann weitergegeben. Wer zuletzt das Sträußchen hatte, wenn die Musik aufhörte musste den Hammel und ein Fass Bier bezahlen. Sonntags mittags, wenn die Kerwerede herum war, gingen wir ans Ständchen. Wir hatten nicht viel Geld, für ein paar Mohrenköpfe, Wundertüten und Zuckerstangen reichte es aber. An dem Anderen Stand konnte man Hüpfbällchen, Gockelhahnbläschen, Messer, Kämme usw. kaufen. Anfangs war auch eine Schiffschaukel in Kiefers

Scheunenhof und eine Kettenreitschule in Neues Hof. Lutze Agnes fiel mal aus der Kettenreitschule und landete auf Neues Mist. Ich habe mein Leben gern Schiffschaukel gefahren. Zum Kaffee bekamen wir Besuch von der Hütschenhausener Familie Strauß, wo meine Oma her war. Wir fuhren auch mit unserer Kutsche und Papa auf die Hütschenhausener Kerwe. Wir waren da auch über Nacht. Einmal an der Kerwe machten die Straußbuben keinen Strauß. Wir Kinder machten dann einen kleinen und zogen damit durchs Dorf. Ich weiß noch, dass Christel und Manfred Zapp auch dabei waren.

Papa' s Verwandte

Ich erinnere mich auch, dass wir Kinder mit der Kutsche und Papa nach Weselberg fuhren. Da wohnten Papa's Onkel, seine Frau und sein Kuseng Kurt und seine Kusine Emilie, die auch meine Patin war. An diese Kutschenfahrt kann ich mich noch gut erinnern. Wir fuhren über die Höhe, Gerhardsbrunn und das schöne Tälchen. Landschaftlich ist es dort auch heute noch sehr schön, meistens war auch schönes Wetter. Das frische Gras roch sehr gut und der Wind wehte übers Gras und die Wipfel der Bäume rauschten, am Wegrand waren schöne Blumen. Heidi und ich waren auch mal in

Weselberg in Ferien. Wir schliefen oben in einem großen Zimmer. Als wir das Licht ausmachten, versteckten wir uns schnell unter der Bettdecke. Wir fürchteten uns sehr.

Nun möchte ich zu meinen Verwandten aus Kaiserslautern kommen.

Das war Mutti' s Onkel und seine Frau. Muttis Onkes war selbständig und hatte auch nicht viel für seine Rente geklebt. Wenn sie uns besuchten, holten wir sie auf der Spick (an Heinze vorbei) ab. Als wir sie sahen, liefen wir ihnen schnell entgegen und freuten uns. Sie brachten auch immer was mit. Zu beiden habe ich ein sehr herzliches Verhältnis gehabt. Ich war auch oft bei ihnen zu Besuch. Ihre Wohnung bestand nur aus zwei Zimmern und Flur. Sie waren im Krieg ausgebombt worden und hatten kein Haus mehr. Trotzdem fühlte ich mich da wohl. Morgens gab es warme Milch und Erdbeermarmelade oder Malzkaffee. Im Winter machte mir Mamme immer eine Bettflasche. In der Küche stand ein Küchenherd, der machte sehr warm. Ich höre heute noch die Wanduhr ticken und schlagen, wenn ich da schlief. In der Küche stand ein Schrank, ein Seidbord, eine Holzkiste, ein Tisch, zum verlängern, ein Waschbecken Stühle und ein Schaukelstuhl. Darin saß immer Babbe. Ich saß oft auf seinen Beinen und pisackte ihn. Er aber mich auch. Da sagte Mamme:"Vadder, her doch uff". Da war noch der kleine Holzschemel, eine Tafel, auf der ich viel malte und mich bewundern ließ. Auch hatte ich hinten am Schrank mein Protzeckelchen. Wenn ich mir morgens die Zähne putzte und gurgelte, machte mir Babbe immer alles nach, ich glaube beide hatten mich sehr gern. Im Pfaffbad gingen wir als duschen In der Nähe des Rondells (Rundbau, der in der Nähe des Krankenhauses lag. Er steht heute nicht mehr) hatten sie einen Garten und ein paar Hühner, da war ich oft mit. Opa hatte auch einen Geräteschuppen, den bekam dann später Mutti. Im Garten war auch ein Wassergraben. Um Wasser zu schöpfen, musste man ein paar Stufen runter gehen. Als Babbe arbeitete, er war Stuckateur, brachte Mamme ihm immer mittags das Essen, da nahm sie mich mit. Sie waren nicht gerade reich, aber an uns hängten sie manches Geld. So kauften sie für Heidi und mich Stoffe und ließen uns Kleidchen nähen. Ich weiß noch, dass das ein karierter Stoff war. Ein andermal bekamen wir einen rosa Stoff. Wir mussten nach Martinshöhe, um die Anprobe zu machen. Das waren Kleidchen mit Puffärmel und weiten Röckchen. Da sahen wir gut aus und waren stolz. In die Haare bekamen wir noch Schleifen gebunden.

Die Lautrer Kerwe

Wenn die Lauterer Kerwe war fuhren wir Reitschule. Als ich da runter musste, schrie ich den ganzen Kerweplatz voll, bis wir zu Hause waren. Es gab immer Zuckerstangen und einen Luftballon. Der wurde abends angebunden und morgens war er ganz schrumpelig. Außerdem bekam ich auch ein rotes Lacktäschchen, das war herzförmig daran kann ich mich noch erinnern.

Wenn Mutti melkte, war ich auch oft dabei. Da war die Kuh Alma, Lisa usw.. Ich saß dann bei Mutti auf dem Melkstuhl und sah zu. Wenn die Katze im Stallgang war, zielte Mutti immer mit der Milch hin und die Katzen leckten sie ab. Am Eingang vom Stall hatte unsere weiße Ziege ihren Platz. Die hatte auch Hörner.

Im Zimmer stand ein hoher gusseiserner Ofen.

In der Mitte konnte man was daraufstellen. Oma röstete darauf als Gerste für Kaffee. Es waren auch zwei Türchen dran. Oben war noch ein Kranz mit Verzierung. Im Flur waren rot-weiße Blättchen (Fließen). Die sahen schön aus. In der Küche waren auch graue Steinplatten. Das Geländer von der

Treppe war aus Holz. Die Treppe und oben der
Flur, sowie die anderen Zimmer waren alle aus
Holzdielen. Abends wenn wir ins Bett mussten, trug
uns Mutti auf der Schulter hoch. In unseren Betten
waren noch Sprau- und Strohsäcke. Wenn diese
frisch gefüllt wurden, war das Bett immer schön
weich und hoch. Die Bettdecken waren rotkariert.

Von unserem Hof und wie wir dort spielten

In unserem Hof, am Pferdestall standen die
Maschinen. Ein Pflug, eine egge, ein Pflugskarren
usw. Da spielten Volker und ich immer Pferd. Da
konnten wir uns immer gut verweilen. Außerdem
spielte ich viel in der Rinne oder unten an der Bach
vor dem Milchhäuschen. Da ließen wir
selbstgemachte Schiffchen aus Rinden schwimmen.
Da waren auch die Kastanienbäume, wovon wir
immer die Kastanien sammelten und damit spielten.
Heidi war, glaube ich, mehr im Haus. Mit ihr spielte
ich nicht so viel. In unserem Wohnzimmer war der
Boden aus breiten Holzdielen. Heidi und ich putzten
sie als um die Wette.

Wenn die Ziege zum Bock musste, ging Mutti mit
ihr nach Hauptstuhl durch den Wald. Ich war auch
mal mit. Wir gingen über das Pflästerchen, das war

noch aus der Römerzeit und war eine Abkürzung. Der Weg muss schon sehr alt sein. Ich weiß nicht, ob ich ihn heute noch fände. Hinzus lief die Ziege immer schnell, aber auf dem Rückweg war sie störrig. Die Ziegen hielten wir für unsere Ferkel aufzuziehen. Die Schweine durften hinter dem Haus frei laufen. Dort war ein großer Grasgarten. Wenn die Ziege Junge hatte, war das immer eine große Freude für jeden von uns. Sie waren zahm und liefen uns nach, sogar bis in die Wohnung. Sie liefen sogar die Treppe hinauf. Einmal hatte Mutti ein Huhn, das ging jeden Morgen heimlich die Treppe hinauf und legte ihr ein Ei unter die Bettdecke. Im Dorf musste immer die Rinne und die Hälfte von der Straße gekehrt werden. Das machte ich oft und gerne. Wenn es so staubte, goss ich immer mit der Gießkanne vor.

Wie früher die Kartoffeln von Hand gesetzt wurden

Damals wurde noch mit den Pferden gefahren. Richtung Artamshof den Feldweg entlang, da hatte Lauer' s Willi Land. Mit den Pferden wurden die Kartoffeln ausgehext. Wenn mit dem vollen Wagen mit Kartoffeln die Spick heruntergefahren wurde, so schwänzelten die Wagen mit den Eisenreifen.Da musste die Bremse, migenik genannt auf und zu

gedreht werden. Dann wurden sie aufgesammelt.
Jeder hatte sein Stück zu lesen. Wenn die Ernte
vorbei war, wurde ein Laubast hinten auf den
Wagen gesteckt. Dann sangen wir: „Kehr aus, Kehr
aus Lauer' s hann die Grumbeer aus." Das war
anfangs auf der Schanz auch noch Brauch, aber
inzwischen ist das eingeschlafen. Dann gab es
immer ein schönes Kehraus-Essen. Bei Frau Höh
gab es immer gutes Essen.Sie machte
Dampfnudeln und Weinsoße, also immer etwas
Besonderes. Da Glücke und Keller' s (Keller' s Kurt
war mein Pate) immer zusammen arbeiteten, half
ich da auch mit. Keller' s Haus war vor Kiefer' s
Haus. Inzwischen ist es verkauft. Mir fällt noch ein,
wenn die Kartoffeln geschnitten wurden, hatten wir
auch eine Frau, die uns half. Wenn es kalt war,
wurden die Kartoffeln in der Küche geschnitten.
Kiefer' s saßen immer gegenüber vor der Scheune,
wo jetzt Wiltrud hin gebaut hat. Frau Silchner und
Frau Laufer halfen immer Kiefer' s beim Kartoffel
schneiden. Frau Nikolay half auch manchmal. Sie
hatte eine Kuh. Die kam immer aus dem Eck und
lief mit Kiefer' s Kühen auf die Weide. Heimzus lief
sie allein wieder heim.

Kiefers Heuaufzug

Kiefer' s hatten einen Heuaufzug wie wir, aber ohne Motor. Sie spannten ein Pferd an das Seil und führten es soweit, bis die Gabel oben war, dann wieder zurück.

Da wir bei den Kartoffeln waren, fällt mir ein, wie sie von Hand gesetzt wurden. Jeder, der half, bekam eine Schürze. Daran war vorne eine große Tasche, da kamen die geschnittenen Kartoffeln hinein. Es wurde immer eine Reihe gezackert. Jeder hatte sein Stück zu legen und hatte ein Pfädchen abgetreten. Dann wurde bei jedem Schritt eine Kartoffel fallen gelassen. Wenn ich es mir heute überlege, wie leicht die Arbeit jetzt mit der Setzmaschine ist. Die Schürze mit den Kartoffeln war ganz schön schwer und wir waren ja noch Kinder.

Als wir noch unseren alten Hof hatten, wurden im Herbst die Kartoffeln gestoppelt. Papa zackerte mit den Pferden und Volker und ich lasen die Kartoffeln auf. Jeder hatte einen Eimer, der war nicht aus Plastik, das gab es damals noch nicht. Also war er aus Zinn und schwer. Oft war es auch schon kalt und nebelig und wir froren. Aber wir waren auch abgehärtet. Das sind so Erinnerungen, die einem kommen, wenn man zurückdenkt.

Unser Land

Wir hatten auch schöne Zeiten. Hinter Glücks war
eine Wiese, die war ein bisschen hängig. Da rollten
wir als runter, bis es uns schwindelig wurde. Unten
waren viele Binsen, die nahmen wir und flochten
uns Deckchen. Wir fingen auch Mollenköpfe und
ließen sie in einem Glas schwimmen. Aber später
brachten wir sie wieder zurück ins Wasser. Wir
hatten auch eigenen Wald, Richtung
Gerhardsbrunn. Links unten im Tälchen nahm uns
Papa als mit Holz machen. Da gab es noch keine
Motorsäge. Mit der Säge auf dem Rücken und dem
Beil in der Hand, liefen wir, Volker und ich mit.
Außerdem hatten wir noch im Reßwäldchen,
Richtung Martinshöhe, den Feldweg entlang Wald.
Ich weiß, dass wir da als Tannentriebe rupften. Ich
glaube für Tee oder Sirup zu kochen. Richtung
Bruchmühlbach hinter dem Friedhof hatten wir auch
noch ein Stück Wald. Wenn wir Langwieden
rausfahren hatten wir rechts der Straße entlang eine
Wiese. Papa nahm mich als mit Gras holen. Hinter
der Brücke links hatten wir auch noch eine Wiese.
Mutti nahm mich als mit Steine lesen und die
Maulwurfshaufen auseinander zu recheln. Wenn wir
die Spick rauffahren, hatten wir links eine steile
Wiese. Rechts hatten wir Ackerland. Oben an der
Scheune hatten wir auch Ackerland. Karl ist da mal
vom Wagen gefallen und das Rad fuhr ihm über das

Bein, es war aber nicht schlimm, er hatte nichts gebrochen. Dort oben Richtung Wald war auch noch Land, das uns gehörte, ebenso auf dem Weg nach Mittelbrunn am Künerkopf. Hinter der Feldscheune half ich und Mutti als Glücke Rüben putzen. Wenn da ein Regenschauer kam, suchten wir immer Schutz an der Mauer, dort stand ein Busch. Damals war die Scheune noch eine Ruine. Sie war mal eine Zehntelscheune.

Der Bunker am Wald

Dort oben am Wald war noch ein Bunker, der war aber gesprengt. Im Krieg trug uns Mutti bei Fliegeralarm hin zum Schutz. Ich war damals erst ein paar Monate alt. In der Zeit, als Krieg war, mussten die jungen Männer einrücken. Da waren nur noch Frauen, Kinder und alte Männer im Ort. Die Neumüller und Polen trieben da ihr Unwesen. Uns stahlen sie damals eine hochträchtige Loose. Wir hatten einen schwarzen Hund, der hieß Greif, den vergifteten sie uns. Später fand man oben am Bunker die Reste von der Muttersau und die toten Ferkel. In der Mittelbrunner Mühle schossen sie den Müller tot. Als die Gerichtsverhandlung war, verrieten sie sich noch gegenseitig, erzählte Mutti. Du hast da ja eine Gans gestohlen usw. Die Neumüller hatten ihre eigene Sprache. Ich glaube jenisch?- Dann kamen die Franzosen nach Langwieden zum Schutz.

Als ich bei Iris zu Hause war und wir spielten

Iris wurde später meine Freundin. Wir zwei waren viel zusammen. Wir hatten beide ein Strickliesel und strickten um die Wette. Später machten wir Deckchen daraus. Iris Oma machte als Strauben. Das ist ein dünner Teig und wurde durch einen Trichter oder eine Form laufen gelassen und in Öl gebacken. Die waren immer sehr gut. Iris Oma hatte immer kleine Gänschen, die fütterte sie mit gehackten Eiern und Brennesseln. Lisa, Iris Mutter erzählte, wir hätten die Gänschen in ihren BH spatzieren getragen. In jedem Körbchen hatten wir eins. Auf ihrem Garagendach spielten wir oft und machten Sandkuchen.

Wie wir Kinder die Fasnacht feierten

Für uns Kinder war die Fasenacht immer etwas Besonderes. Aber ohne Maske konnten wir uns das nicht vorstellen. So gingen Volker und ich nach Martinshöhe, um ein Fasenachtsgesicht zu kaufen. Leider bekamen wir keins. So versuchten wir unser Glück in Bruchmühlbach und das alles zu Fuß. Da hatten wir Glück und nun hatte jeder eines. Natürlich durfte die Blettsche nicht fehlen. Die war aus Pappe zusammen gefaltet und hatte die Aufgabe um abzupletschen. An Fasenacht hat jede Familie Küchelchen gebacken. Wir gingen von Haus zu Haus, hatten ein Säckchen und sagten unser Sprüchlein: „Die Pann kracht, die Pann kracht, die Kiechelcher sin geback. E raus mit e raus mit, ich steck se in moi Sack. Ich bin e kleener Keenig, geb mer net so wenig, loss mich net so lang do steh, dann ich muss noch weitergeh." So sammelten wir die Kiechelcher ein. Wir nahmen aber nur von denen, wo wir wussten, dass sie gut schmeckten. Oft war es noch kalt und es lag Schnee. Aber wir ließen uns dadurch nicht abhalten!

Von Onkel Ludwig' s Obstbäumen

Auf Onkel Ludwig's Land waren auch einige Kirschbäume, Apfelbäume und Birnbäume. Im Eck, wo jetzt Laufer' s Emil wohnt, vor Dr. Guth, da war das Land mit den Kirschbäumen. Ein Baum hatte Weichselkirschen, die waren hell und rot. Der andere Baum hatte rote Krachkirschen. Volker und ich waren da auf den Bäumen um Kirschen zu pflücken und zu essen. Auf den Apfelbäumen waren die Langstielchen, die waren klein, aber sehr süß.

Im Herbst wurden sie abgemacht und auf einen Hänger mit Stroh geladen. Dann trugen wir sie zu Hause in den Keller und legten sie auf Stroh. Am Haus oben im Garten stand noch ein Kirschbaum, da konnten wir uns immer satt essen. Unten am Hang vor dem Garten stand ein Haselnussstrauch, ebenso Sauerkirschen, die waren nicht sehr hoch und man konnte sie gut pflücken. Volker, Karl und ich machten die Haselnüsse mit Gewichtsteinen auf. Das gab immer eine große Menge.

Die steinerne Tränke im Hinterhof

Im Hinterhof stand eine große steinerne Pferdetränke. Manchmal wuschen wir die Kartoffeln darin für die Schweine. Beim Waschen wusch ich auch als die Wäsche in dem Trog aus. Damals hatte noch niemand eine Waschmaschine. Die weiße Wäsche wurde gekocht und die bunte wurde auf dem Waschbrett geseift und gerieben, ausgedreht und gespült.

Frau Heinz, Karlas Mutter, die neben dem Gemeindehaus wohnt, hatte als erste eine Waschmaschine. Diese kochte die Wäsche und hatte eine Vorrichtung mit Rollen. Da konnte man die Wäsche dann durchdrehen. Das hatte aber den Nachteil, weil beim Durchdrehen die Knöpfe kaputt gingen. Wir haben da auch manchmal gewaschen. Außerdem hatte Frau Heinz noch eine Maschine, bei der man an den Dosen für die Wurst den Rand abschneiden konnte und sie auch zumachen konnte.

Als wir vier Wochen in Ilvesheim waren und unsere Eltern sich scheiden lassen wollten

Diese Erlebnisse von der Fasenacht, Kühe hüten, bei den Bauern helfen, Kartoffeln setzen und lesen, sowie Rüben hacken, das war schon in dem Haus von Onkel Ludwig. Als wir dahinzogen, kann ich mich an nichts mehr erinnern. Irgendwie, glaube ich, habe ich es verdrängt. Ein paar Tage, bevor Mutti starb, redeten wir noch darüber. Mutti sagte: „Onkel Hans hätte beim Umzug auch geholfen." Onkel Hans war mein Stiefvater. Er kam von Prag auf die Schernau und dann arbeitete er bei Heinze Emil als Knecht. Wie ihn Mutti kennen lernte, weiß ich nicht. Er hat es aber immer verstanden, anders als Papa dran zu springen, wenn es irgendwo fehlte. Ich weiß da aber nicht viel, was da ablief. Als ich so 10 Jahre alt war, wollte sich Mutti scheiden lassen. Heidi, Volker und ich wurden von Onkel Hans nach Ilvesheim gebracht, unser Hund Nestor war auch dabei. Als wir fortgingen, stand Papa oben auf der Treppe und fragte, ob wir ihn auch mal besuchen würden. Diesen Augenblick werde ich nie vergessen. Mutti wollte mit Karl, der damals fünf Jahre alt war nachkommen. Wir gingen dann in Ilvesheim zur Schule. Dort wohnte Tante Lenchen und Irene, Babbes TochterDort sangen wir mal das Lied vom Jäger aus Kurpfalz. Nach vier Wochen wurden wir von unserem Pfarrer wieder abgeholt. Heidi kam nicht mit. Sie wollten sie behalten. Der Lauterer Babbe fuhr dann hin und holte sie heim. Er war ja der Vater von Tante Lehnchen, also Irene' s Opa. Wie das alles zustande kam, weiß ich nicht, aber ich glaube, Dass Papa Mutti damals alles verschrieb. Es musste aber ein Vermerk gemacht werden, dass, wenn das jüngste Kind 25 Jahre alt ist, müsste meine Mutter dem Kind, das sich am besten für die Landwirtschaft eignet übergeben. Meine Mutter wurde damals beim Notar gefragt, ob sie bei Papa bliebe. Sie sagte nein. Deswegen wurde diese Klausel eingesetzt, sonst wäre alles wieder an Papa zurück gefallen. Dann musste der Hof, der verschuldet war verkauft werden. Damals hat Papa noch Theater gespielt. Er spielte seine eigene Rolle als Bauer, der bankrott war. Am Schluss des Theaters erschoss er sich noch. Damals war Karl dabei. Der weinte, er dachte es wäre ernst gewesen. Das war aber noch bevor der Hof verkauft werden musste. Ich erinnere mich noch gut daran, denn Papa hatte den Fuß verstaucht und bekam Wickel gemacht, damit er beim Theater spielen laufen konnte.

Als der Hof verkauft wurde, lebte unsere Oma noch. Sie wollte nicht aus dem Haus und Familie Leib versprach gut für sie zu sorgen. Das ging aber nicht lange gut. Sie behandelten sie nicht gut, und sie zog dann doch zu uns, wohl auch weil sie nach uns Heimweh hatte.

Als unsere Oma zu uns zog und wie sie starb

Oma konnte nicht mehr laufen und lag viel im Bett. Ich glaube, sie hatte Muskelschwund. Sie schlief unten im mittleren Zimmer und wir oben. Wenn sie was wollte, so schlug sie mit dem eisernen Bügeleisen an die Bettlade. An die Decke klopfte sie mit dem Stock, da sah man lauter kleine Dellen. Sie lebte nicht mehr lange. Als sie starb, sah ich wie Papa und der Bestatter sie in den Sarg legten. Das war das erste Mal, das ich eine Tote sah. Sie hatte die Hände gefaltet und wir legten ihr zum Abschied Efeu in die Hände. Bei der Beerdigung wurde der Sarg im Hof aufgebahrt. Wir standen auf der Treppe und als der Gesangverein anfing zu singen musste ich sehr weinen. Wir hingen doch an unserer Oma, denn sie war immer bei uns und für uns da! Später, als das Grab fertig war, ging ich immer gießen. Das

Wasser musste man am Bach holen, das war ein schönes Stück zu laufen. So konnte ich aber immer am Grab Abschied nehmen. Wir hatten aber noch zwei große Gräber zu machen. Das eine war von Onkel Ludwig, von dem Papa den Hof erbte. Das andere Grab war, glaube ich, von Papa' s Großeltern. An diesem Grab war ein großer Grabstein und war an der gleichen Stelle, an der Christine Leib begraben wurde. Ich glaube, da war noch ein weiteres Grab. Vielleicht war es von Onkel Ludwig' s Frau deren Eltern. Das war aber mit Efeu zugewachsen. Außerdem war auch noch das Kindergräbchen von Papa' s Schwester. Mutti erzählte, sie hätte uns alle drei Kinder mit dem Handwagen auf den Friedhof mitgenommen und wir wären immer brav gewesen. Als ich größer war, half ich Mutti die Gräber für den Winter zu schmücken. Wir gingen den steilen Weg am Friedhof hoch. Dort holten wir Tannenzweige und Knallerbsen. Die Zweige wurden auf das Grab gesteckt und die Knallerbsen wurden dazwischen gesteckt, das sah immer gut aus. Damals hatte man noch keine Gestecke, so wie heute, die auch sehr teuer sind. Als unser alter Hof verkauft werden musste und wir in Onkel Ludwig' s Haus zogen suchte sich Papa Arbeit in Landstuhl beim Blumen – Dengel. Als Kind träumte ich oft von dem verkauften Hof. Ich hatte im Traum immer den Wunsch, in diesem Haus zu sein. Auch später noch hatte ich diesen Traum. Erst als ich mal da war und sah, dass alles verändert war, hörte dieser Traum auf.

Als meine Eltern sich scheiden ließen und Karola auf die Welt kam

Papa kaufte sich ein Omnibuschen. Zu dieser Zeit war auch Onkel Hans bei uns. Manchmal fuhren wir sonntags nach Bruchmühlbach zum Rilli. Papa fuhr und wir Kinder, Karl und ich saßen hinten im Auto. Mutti war auch bei uns und Onkel Hans, der zu viel getrunken hatte, saß bei Mutti. Wenn ich heute darüber nachdenke, was da wohl in Papa vorgegangen ist! Dann kam das mit dem Unfall, wo Papa ins Gefängnis musste. Wir hatten ihn da nie besucht. Da wurde nicht darüber gesprochen. Als Papa heimkam war Mutti schwanger von Onkel Hans. Papa wollte sogar helfen Karola großzuziehen. Mutti sagte, Papa hätte gesagt, es kommt ja überall mal was vor und es ist Weihnachten. Mutti wollte aber nicht mehr bei ihm bleiben und ließ sich scheiden. Sie heiratete dann Onkel Hans und Papa bekam oben zwei Zimmer Vorbehalt. Er hatte keine Gelegenheit, sich um uns zu kümmern. Wir sollten sogar im Dorf verteilt werden (das wurde im Gemeinderat so beschlossen). Eins in Schneider, eins in Kellers eins in Kiefers und eins zum Lehrer Seebode. Dazu kam es aber nicht. Mutti sagte, sie gebe keines von ihren Kindern her und so blieben wir bei Mutti. Onkel Hans behandelte uns gut. Als Karola auf die Welt kam, war ich schon 14 Jahre. Onkel Hans war sehr froh mit ihr. Oft habe ich Karola versorgt, auch Karl fuhr sie als im Stubenwagen, bis sie schlief.

Als wir bei Familie Glück halfen Kartoffeln ausmachen, nahmen wir Karola in einer roten Tragetasche mit. Das war unten am Friedhof am Wald. So konnten wir nach ihr sehen, wenn sie weinte. Als Karola auf die Welt kam, schliefen Karl und ich in Glücke. Damals arbeitete Onkel Hans, Mutti und ich bei ihnen. Damals war Herr Glück Bürgermeister. Später, als Lauer' s Willi Bürgermeister war, halfen sie der Familie zu arbeiten. Ich half auch oft bei ihnen.

Als Papa in Maikammer Arbeit aufnahm

Nach dieser Zeit nahm Papa in Maikammer Arbeit an in der Land- und Weinwirtschaft. Wir hatten da keinen Kontakt zu ihm. Als Volker aus der Schule kam, fing er in Landstuhl eine Lehre beim Allgeier an. Heidi kam ja vor Volker aus der Schule. Sie bekam einen Platz als Verkäuferin in Kaiserslautern bei Edelstolz. Sie wohnte da bei Babbe und

Mamme, bis sie ausgelernt hatte. Sie kam nur sonntags zu Besuch. Heidi lernte dann Alfons kennen, als sie das Tanzbällchen gemacht hat. Sie schlief als in Scheherer' s, sie arbeitete in der Nähe im Edelstolz – Geschäft. Da wurde auch Frischmilch verkauft von der Molkerei. Als sie dann mit 20 Jahren schwanger wurde, heiratete sie Alfons. Sie bekam dann ein Mädchen und nannte sie Birgit. Bei der Trauung hatte sie ein Kostüm an, kein Brautkleid. Sie wohnte anfangs in Scheherer' s. Später bekamen sie gegenüber eine Mietwohnung. Als Heidi noch nicht verheiratet war und Alfons noch nicht kannte, kaufte sie sich ein Moped. Onkel Hans übte mit ihr, bis sie fahren konnte. Sie nahm mich manchmal mit.

Als ich mit Heidi auf dem Sommerfest war

Am Bruchmühlbacher Sommerfest nahm sie mich mit. Dort lernte sie einen Jungen kennen, den Namen weiß ich heute nicht mehr, ich weiß nur noch, dass er blond war. Er war mit seinem Freund zusammen. Dieser lud mich ein, Boxauto zu fahren. Anschließend sahen wir uns noch das Feuerwerk an und er fuhr mich dann heim mit dem Moped. Ich war damals gerade 16 Jahre alt. Diese Freundschaft hielt aber nicht lange. Er holte mich mal ab, als ich unsere Kartoffeln putzte.

Als Heidi und Volker mich nicht mitnahmen

Noch als sie in der Schule war, hatte sie Briefkontakt mit Viktor. Seine Familie wohnte in Langwieden und Viktor war in einem Internat. Er hatte noch eine Schwester, Vera. Sie waren aus Brasilien. Mutti putzte als bei der Familie und half bei der Wäsche. Als Heidi manchmal Post bekam, versteckte sie den Brief in ihrem Schrank. Die Schlüssel hatte sie unter ihrer Matratze versteckt. Das wusste ich und war neugierig. So las ich immer ihre Briefe. Das wusste sie aber.

Einmal putzten wir unsere Kartoffeln. Das war das Land, wo Emil jetzt wohnt. Heidi, Volker und ich. Da kam Viktor und wollte Heidi und Volker zum Schwimmen nach Landstuhl mitnehmen. Da nur ein oder zwei Räder da waren, konnte ich nicht mit. Sie halfen mir noch meine Reihe fertig putzen. Ich war aber so traurig und fühlte mich abgeschoben und heulte fürchterlich. Da muss ich noch daran denken.

Von Familie Antoni, die bei uns wohnte

Bei uns wohnte noch die Familie Antoni. Sie wohnten schon da, als wir einzogen. Werner war aus Martinshöhe und Cilia, seine Frau aus Langwieden. Die Tochter von Ernst Nicolay. Sie hatten zwei Kinder, Manfred und Veronika. Sie bewohnten zwei Zimmer. Wenn man die Treppe hochkam, war dort ihre Küche und links hinten im Flur ihr Schlafzimmer.

Von Muttis Stiefbruder Dieter

Als Dieter, Mutti' s Stiefbruder bei uns zu Besuch war, nahm er Annelie und mich mit auf die Hütte. Die hatten eine Wirtschaft und ein Fernsehen. Annelie war Irene' s Tochter aus Ilvesheim und auch zu Besuch. Dieter trug sie auf der Schulter, sie war etwas jünger, als ich. Darüber war ich damals auch sehr traurig, dass er mich nicht mal auf seine Schulter nahm. Mutti erzählte mal, dass Dieter sie geärgert hätte. Er saß oben in der Scheune und schmiss immer Kartoffeln runter auf sie, die unten gearbeitet hat. Als er nicht aufhörte, sagte sie, er solle seine Koffer packen. Später kam sie rauf ins Zimmer, da hatte er auf einen Zettel geschrieben, sie solle doch denken, wie Götz von Berlichingen (also l.m.m.a.A.). Er blieb aber noch da.

Als ich in Käfertal bei Mannheim zu Besuch war

Einmal war ich auch mal in Käfertal bei Mannheim zu Besuch. Da wohnte unsere Oma Luise und Dieter war bei uns. Damals war ich so fünf Jahre alt. Tante Else, Dieter's Tante war tagsüber für mich da und Oma Luise arbeitete in der Storchendrogerie. Meistens war ich in der Wohnung und fühlte mich eingesperrt. Sie wohnten im ersten Stock und hatten noch einen Balkon. Da standen noch Kästen darauf, da war Gras drin für ihre Katze. Sie hatten eine Siamkatze. Als es mir zu langweilig war, kletterte ich über den Balkon über das Dach von einer Werkstatt. Von da kletterte ich runter und fuhr mit dem Fahrrad eine Runde um das Haus. Da war was los. Tante Else hat sich sehr aufgeregt. Ein anderes Mal war ich mit Tante Else und Tante Eugenie, das waren Schwestern von Oma Luise's Mann Onkel Fritz, im Luisenpark. Da war es ganz schön. Bis ich auf die Idee kam, mich zu verstecken. Ich weiß noch heute wie ich mich in einer Tür versteckt habe. Erst als sie herum liefen und mich suchten, kam ich aus meinem Versteck heraus. Tante Else heulte und ich verstand nicht, warum sie sich so aufgeregt habe, wo ich mich doch nur versteckt habe. Ein zweites Mal brauchte ich nicht mehr zu kommen. Das war für sie zu aufregend und anstrengend. Für mich war das aber nicht schlimm, wo ich doch meine Freiheit gewohnt war.

Heidi war öfters da. Sie war häuslicher als ich und half Tante Else im Haus und spielte mit ihrer Puppe. Nur vor der Katze hatte sie Angst. Die hatte Heidi immer im Auge und setzte zum Sprung an. Ich hatte keine Angst vor ihr, ich konnte sie auch anfassen. Außerdem hatten sie noch einen Wellensittich, der sprechen konnte. Er sagte als: " Luis, Luis, raacht er Dir, raacht er net?" Wenn Oma Luise dann mit dem Kochlöffel kam, war er dann ruhig. Onkel Fritz, Oma Luise' s Mann, war ein ruhiger und lieber Mann. Er war Uhrmacher. Oma Luise hatte auch eine Frau, die ihr putzte, Frau Bischof. Neben der Storchendrogerie war der Markt, da brachte Oma Luise oft ganze Hörtchen Pfirsische mit, daran aß ich mich dann immer satt. Ich glaube, dass ich mich mit Heidi nicht so gut verstand, weil sie mehr machen durfte, als ich. Vielleicht hat auch Mutti ein bisschen dazu beigetragen. Heidi durfte Akkordeon spielen lernen, außerdem durfte sie noch Englisch lernen. Sie kritisierte mich oft, wenn ich nicht so wollte, wie sie sich das vorstellte und wollte mich als die Ältere mich belehren.

Als Heidi überfallen wurde

Dazu musste sie mit dem Bus nach Landstuhl fahren. Einmal lief sie von Landstuhl heim. Da merkte sie, wie im Wald jemand neben ihr herlief. Sie rannte und als sie an eine Lichtung kam, in der Nähe vom Artamshof, sprang plötzlich ein Mann heraus, hielt ihr die Mütze vor' s Gesicht und wollte sie den Rech hinaufziehen. Als ein Auto kam, ließ er sie los. In der Nähe fuhr zum Glück Zerfasse Irma mit dem Traktor. Sie hatten in Langwieden eine Landwirtschaft, die später Familie Schwarzfeld kaufte. Irma nahm dann Heidi mit nach Hause. Mutti brachte den Vorfall zur Anzeige. Die Polizei fand auch noch Spuren. Aber es kam nichts dabei heraus, außer dass derjenige Mann ein Fahrrad und einen Sack dabei hatte.

Al Heintze Knecht zugreiflich wurde

Mir ist auch mal was Ähnliches passiert. Ich wollte zusammen mit Veronika, die damals bei uns wohnte Mutti und Onkel Hans auf der Spick vom Bus abholen. Wir mussten da ja bei Heintze Emil vorbei gehen. Da lief Heintze Knecht auf einmal mit dem Fahrrad neben uns her. Er erzählte mit uns und wir dachten uns nichts dabei. Als wir fast oben ankamen, sprang er plötzlich auf mich los, fasste mich am Arm und wollte mich in den Graben werfen. Ich wehrte mich und schrie. Veronika schrie auch und hüpfte vor Angst herum. Sie war aber jünger, als ich und konnte mir nicht helfen. Was ich damals eine Angst ausstand, werde ich nie vergessen. Als ein Auto kam, ließ er mich los und fuhr mit dem Fahrrad fort. Veronika und ich liefen ins Dorf zurück. Ich war ganz fertig. Wir warteten, bis Mutti und Onkel Hans kamen und erzählten, was geschah. Onkel Hans wollte ihm hinterher gehen, aber der war längst über alle Berge. Als wir das der Polizei berichteten, kam auch nichts dabei heraus. Damals hatte ich Todesangst, ich glaube, ich hatte auch einen Schock. Mir tat der Arm weh, als ich mich wehrte. So konnte ich auch nachempfinden, was Heidi durchmachte.

Ich wollte damit nur sagen, dass Mutti in Heidi vielleicht ihre eigenen Vorstellungen verwirklichen wollte. Dabei kam ich aber etwas zu kurz. Später wollte ich dann mit dem Akkordeon –Spielen nachholen, was ich versäumte. Mutti hatte nicht gemerkt, dass ich auch Musik spielen wollte.

Das Badezimmer in Onkel Ludwigs Haus

In Onkel Ludwig' s Haus war damals schon ein Badezimmer mit Badeofen, Klo usw. Das war für uns etwas Schönes. Laufer' s Erika kam oft zu uns und badete auch mit Heidi.

Damals wurde der Kuchen noch von Hand gerührt. Heidi und Erika durften das, ich durfte zusehen. Da hat Mutti auch nicht immer gerecht gehandelt. Solange Heidi daheim war, habe ich mich immer vom Geschirr spülen gedrückt. Ich versteckte mich immer in der Scheune. Später, als Heidi auszog, fing ich an zu arbeiten. Das heißt aber nicht dass ich sonst nichts gearbeitet hätte. Also war ich oft eifersüchtig auf Heidi, ich war eben anders, als sie.

Als ich mondsüchtig war

Als wir noch im alten Hof wohnten, war ich oft mondsüchtig. Mutti erzählte, ich wäre nachts aufgestanden und wollte mit der Decke ans Fenster. Einmal wäre ich die Treppe runter gelaufen und hätte mich ins Kinderbett im Wohnzimmer gelegt. Ein andermal lag ich vorm Bett und deckte mich mit dem Bettvorleger zu. Davon wusste ich aber morgens nichts mehr. Ich weiß nur, dass ich nachts oft zu Mutti ins Bett schlüpfte.

Der Arztbesuch in Kaiserslautern

Mutti musste mit mir öfters nach Kaiserslautern zum Hals-Nasen-Ohrenarzt fahren. Ich hatte oft vereiterte Mandeln und bekam sie abgesaugt. Das war nicht immer angenehm. Mit 14 Jahren bekam ich sie heraus gemacht. Als ich im Krankenhaus war, besuchte mich Mutti. Sie weinte, als sie mich sah. Als ich entlassen wurde, holte mich Lauer' s Willi ab. Da hatte ich noch Schmerzen. Kurz darauf wurde ich konfirmiert, da sah ich noch ziemlich blass aus.

Als ich noch klein war

Einmal fuhr ich mit Mutti nach Landstuhl, da bekam ich ein paar neue Handschuhe. Ich weiß noch, wie ich mich darüber freute.

Als Karl so etwa drei Jahre alt war nahm uns Mutti mit nach Kaiserslautern. Als wir an den Bus gingen, war es noch halb dunkel. Ich weiß noch, wie ich die Wolken beobachtete. Karl hatte einen hellblauen Mantel an. Ich musste lange Strümpfe anziehen, das wollte ich aber nicht. Damals hatte man noch ein Leibchen und Strumpfbänder an. Die Strümpfe juckten, das war mir unangenehm.

Als ich in Martinshöhe Brot kaufte

Wenn wir Brot brauchten, schickte uns Mutti nach Martinshöhe. Wir nahmen die Abkürzung durch das Reswäldchen. Im Sommer durfte ich mir als ein Eis holen. Da sparte ich, bis ich heimkam. In der heutigen Zeit könnte man das einem Kind nicht mehr zumuten, allein durch den Wald zu gehen, oder wie ich, alleine Kühe zu hüten. Der Bäcker kam zweimal die Woche, dienstags und freitags. Samstags kam der Metzger Raisch von Bruchmühlbach.

Als ich in Lautern Eier verkaufen musste

Mutti und Onkel Hans hielten Hühner. Onkel Hans hatte über dem Stall einen Hühnerstall gebaut. Man konnte durch das alte Bad hingehen. Er baute auch einen Lauf vom Stall übe den Hof in den Garten. Wenn ein Kasten mit Eiern voll war, schickte mich Mutti nach Kaiserslautern. Dort brachte ich sie zu Mamme, die verteilte sie dann und wir brachten sie dann zu Verwandten und Bekannten. Für mich war das nicht immer angenehm den Eierkasten in zwei Bussen herumzuschleppen.

Onkel Hans las gerne Abenteuerbücher. Da wurde ich auch nach Kaiserslautern geschickt. In der Leihbücherei holte ich ihm als ein ganzes Netz Bücher. Onkel Hans war aus Prag und wahrscheinlich ein geborener Stadtmensch und in Langwieden war nicht viel los. Er wechselte auch oft seine Arbeitsstelle. Von den Bauern ging er in die Grube, da kam er einmal mit einem Gipsbein heim. Als er dort arbeitete bekamen wir als Kohlen. Das waren große Brocken, die man erst verklopfen musste. Sie glänzten und brannten sehr gut. Einmal war er in Bruchmühlbach mit Glücke Schlepper. Da hat er, glaube ich, am Bau gearbeitet (überwacht). Das war sonntags. Karl und ich kamen von Bruchmühlbach heim. Da sahen wir, dass die Polizei hinter Onkel Hans herfuhr. Wir rannten dann heim, wir waren ganz aufgeregt und heulten. Mutti fuhr dann nach Bruchmühlbach auf die Polizei. Sie regelte es, dass Glücke wieder ihren Schlepper bekamen. Ich weiß nicht, ob er dann den Führerschein abgenommen bekam.

Onkel Hans` Eltern im Krieg in Prag

Meine Mutter erzählte, dass Onkel Hans Eltern im Krieg in Prag umgebracht wurden. Er musste mit einem Schiff flüchten und stellte sich der Kriegsmarine zur Verfügung. Auf See hatte er einen schweren Unfall mit einer riesigen Ankerkette, die ihm am Oberschenkel ein großes Loch riss. Es hieß, er werde nie Kinder bekommen können. Mit uns hat er darüber nie gesprochen.

Als Karl und ich des Nachts herumliefen und Mutti suchten

Wenn wir zum Zahnarzt mussten, gingen wir nach Bruchmühlbach. Ich war mal mit Karl da. Wir mussten lange warten. Bis Karl dran kam wurde es schon dunkel. Er bekam einen Zahn gezogen und war noch ein bisschen benommen. Ich hatte Arbeit, bis wir durch den dunklen Wald heimkamen. Das waren immerhin 5 Kilometer. Manchmal gingen wir sonntags in Bruchmühlbach ins Kino. Da sahen wir mal Winnetou. Auf dem Heimweg hat uns der Film sehr beschäftigt. Winnetou rief: „Ribanna!" und Ribanna rief: „Winnetou!" Das war für uns damals ein großes Erlebnis. Mutti, Onkel Hans und Karola, die noch im Kinderwagen saß waren auch mal in Bruchmühlbach. Karl und ich warteten auf sie. Als es immer später wurde, liefen wir die Wiesen runter. Wir riefen nach ihnen, gingen ein Stück die Straße hinunter und suchten sie. Wir waren in Panik und hatten Angst, dass sie nicht mehr wieder kämen. Frau Heintz, Karla's Mutter rief uns zu ihnen hinein. Wir waren ganz aufgelöst. Auf einmal hörten wir sie kommen mit dem Kinderwagen. Mutti war ganz schön erschrocken, als sie uns sah. Das habe ich Frau Heintz nicht vergessen, als sie sich damals um uns kümmerte. Dabei haben Mutti und Onkel Hans in der Wirtschaft gesessen und Onkel Hans hat ein paar getrunken.

Als ich Seebode' s Ursel Gesellschaft leistete

Unser Lehrer Seebode hatte eine behinderte Tochter, Ursel. Sie war rechtsseitig am Arm und am Bein behindert und bekam auch manchmal epileptische Anfälle. Sie konnte auch nicht richtig sprechen. Wenn Frau Seebode mal weg musste, so war ich oft bei Ursel. Wir spielten dann Mikado oder Mensch ärgere dich nicht. Ursel war auch manchmal in der Schule. Sie konnte nicht richtig sprechen. Wenn ihr was nicht passte, da heulte sie wie ein kleines Kind. Sie war sehr empfindlich, das konnte ich nicht verstehen. Auch war sie schon groß und ein paar Jahre älter als ich. Manchmal bekam sie, wenn sie in Keller' s Milch holen war unterwegs einen Anfall. Das war immer sehr schlimm. Sie verkrampfte sich. Ursel' s Mutter war von Keller' s, die neben Kiefer' s wohnten. Kurt Keller war ihr Onkel. Seebodes hatten noch eine Tochter, die hieß Lorle. Sie sah ihrem Vater sehr ähnlich und war Auslandskorrespondentin.

Als ich bei der Schmitte-Tante war

Die Schmitte-Tante war Ilse Beck' s Mutter und die Schwester von meiner Oma. Wenn Ilse mal weg musste, war ich immer bei der Tante. Sie hatte es durch die Flieger im Krieg auf die Nerven bekommen und hatte Angst, allein zu sein. Außerdem hatte sie Gicht in den Händen und konnte nicht alleine essen. So fütterte ich sie und massierte ihre Hände. Ilse hat als Dank dafür mir einen Rock genäht und ich aß auch bei ihnen. In der Zeit, als Ilses Vater krank war, brachten sie ihm ein Ferkel ins Schlafzimmer. Als Ilse' s Vater starb konnte die Tante nicht mit zur Beerdigung gehen. Ich war die ganze Zeit bei ihr. Sie weinte sehr. Diese Zeit, die ich bei der Tante verbrachte, hat mich geprägt. Damals sah ich, wie hilflos ein Mensch werden kann. Als Ilse noch ledig war, hatte sie einen weißen Spitz. Der bellte als ganz hell. Ilse hatte auch Gänse. Ich half ihr mal eine Bettdecke mit Gänsefedern zu füllen. Das war oben auf dem Speicher, da flogen die Federn ganz schön herum.

Langwiedener Heuernte um 1940
Anna S., Lina L., Emmche K. und Ludwig K. u. Ilse L.

Mutter von Almak.,
Mutter von Ilse L.

Lina Laufer,
Schmidde Tante

Anni und
Kurt Laufer

Friedrich L., Ernst Sch., Ludwig Schneider

Friedrich Laufer

Lina Laufer

Firedrich Laufer

Ilse im Altersgarten

Willi und Ludwig

Langwiedener Kinder um 1930
mit Kerwestrauß

Ludwig in den Dünen

Anneliese Laufer

Ilse Laufer

Anni Speichermann

Friedrich Laufer
Vater von Anneliese, Ilse und Kurt

Kurt Laufer

Kerwe 1949
Fritz, Vater und Willi Fuhrmann

Ilse Laufer u. Rheinhard Gilcher

Fasching vor Kiefers um 1930

Ilse, Rudi und Lisa

links Rudi, Ilse, Lisa

Irma, Ilse und Erna

91

Anneliese und Eduart Schmitt
Schwester von Ilse

Ilse und Rudi Beck

Anni und Kurt Laufer
Bruder von Anneliese und Ilse

Als Ilse Rudi heiratete

Rudi konnte sehr gut schnitzen. Das erste, was er schnitzte, war ein großer Frosch. Auf den konnte man sich setzen, Ilse hat ihn heute noch. Rudi hat in dem Haus alles ausgebaut und viel mit Holz gemacht. Für seine Eltern hat er die Schmiede ausgebaut. Rudi war Spätheimkehrer. Mutti war mit seinen Eltern gut befreundet. Durch sie hat Rudi Ilse kennen gelernt. Rudi' s Bruder Herbert heiratete Hertha. Sie hatte einen Sohn und wohnte im elterlichen Haus. Ernst, aber ein Haus. Ernst ist vor etlichen Jahren auf der Autobahn tödlich verunglückt. Sie bekamen zwei Kinder, Helga und Kurt.

Familie Zerfas

Familie Zerfas wohnte gegenüber Von Ilse Schmitt und sie hatten den Hof bewirtschaftet, den später Herr Schwarzfeld kaufte. Die Familie waren Adventisten. Samstags wurde nicht gearbeitet, da wurde in der Bibel gelesen. Sie hatten noch eine Tochter, Irma, die die Landwirtschaft besorgte. Außerdem hatten sie noch drei Söhne, Adolf und Armin, der war bei mir in der Klasse. Sie sind später nach Hauptstuhl gezogen. Wie der ältere Sohn hieß, weiß ich nicht mehr.

Von Familie Koplin und Familie Pagels, die als Flüchtlinge nach Langwieden kamen

Außer Zerfase waren noch zwei Familien nach Langwieden gezogen. Das war die Familie Koplin und Familie Pagels. Familie Koplin waren Flüchtlinge und haben Jenet' s Hof gepachtet. Frau Koplin hatte im Krieg ihre Tochter verloren. Sie hieß Ulla (Uschi). Später haben sie sie über den Rundfunk wieder gefunden. Ulla war ein bisschen gehbehindert un korpulent. Sie ging bei uns in die Schule. Sie war sehr empfindlich und weinte gleich. Die hatte auch Schmerzen wegen ihrer Hüfte. Beim Rübensetzen habe ich auch bei ihnen geholfen. Ulla konnte nicht aufs Feld. Sie machte aber zu Hause die Arbeit. Ihr Stiefvater muss sie mal geschlagen haben. Ulla' s Mutter sagte: „Wenn das nochmal vorkäme, würde sie sich scheiden lassen". Da war auch noch die Oma und der Opa, sowie ein kleiner Sohn. Opa Müller war sehr bekannt, er war oft in Kiefer' s.

Nun zu Familie Pagels. Sie hatten vier Kinder: Peter, Helga, Renate und Uschi. Sie wurden Hegi, Nati und Uschi gerufen. Uschi war in meinem Alter. Wir spielten viel zusammen. Manchmal half ich auch Erbsen pellen. Wenn die Eltern auf dem Feld waren, badeten wir im Brunnentrog und im

Wasserfass. Das hat uns immer Spaß gemacht. Sie hatten den Hof von Heintze gepachtet. Das hat jetzt Strass gekauft. Von Uschi wurde ich zum ersten Mal zum Geburtstag eingeladen. Wir kannten das nicht. Bei uns wurde ein Kuchen gebacken, aber Geschenke gab es nicht. Bei Uschi wurden auch Spiele gemacht, wie Sackhüpfen usw. Das kannten wir auch nicht. Als Familie Pagels nach Langwieden kam, sah es aus, als würden sie den anderen Bauern was vormachen. Sie hatten damals schon einen Unimog. Ich war ja oft bei Uschi, da sah ich auch, dass sie Betten auf Holzklötze stellten. Sie hatten keine richtigen Betten. Sie waren auch Flüchtlinge und sprachen hochdeutsch. Die älteste Tochter Helga half auf dem Hof und im Haus mit. Sie war ein feines und hübsches Mädchen. Renate ging auf die Hochschule. Sie war jünger als Helga. Einmal fuhr sie mit den Rollschuhen das Dorf hinunter und stürzte. Sie hat sich die Arme ganz schön aufgeschlagen. Die Familie war aber nicht lange in Langwieden. Helga und ihre Mutter konnten schön singen. Als sie wieder wegzogen, hörten wir, dass sie sich scheiden ließen. Er war ein ruhiger, kräftiger Mann. Renate und Uschi sahen ihm sehr ähnlich. Helga und peter kamen mehr nach ihrer Mutter. Da kann man auch sagen, wie gewonnen, so zerronnen. Auch die Familie Koplin zog wieder fort. Da war nur noch die Familie Burkhart, die zugezogen war. Das waren sieben

Kinder. Vier Söhne und drei Töchter. Über die Familie habe ich ja schon geschrieben. Frau Burkhart putzte die Schule und kümmerte sich im Winter um das Feuer und ihr Mann, der ein Holzbein hatte hackte Holz für die Schule und den Lehrer.

Meine Freundschaft mit Erika Burkhart

Familie Burkhart wohnte gegenüber der Familie Schuhmacher. Die hatten früher eine Gastwirtschaft. Erika und ihre Schwester Marliese und ich spielten viel miteinander. Wir drehten Kräuter durch und backten Sandkuchen. Am Haus war ein Schuppen, da verspielten wir uns immer. Erika schnitt sich am Fenster in den Unterarm, dabei verletzte sie eine Sehne. Danach blieben ihr drei Finger krumm. Später stellte die Familie eine Holzbaracke auf der Hofstadt auf. Darauf stand Villa klein aber mein. Frau Burkhart nähte auch, mir nähte sie einmal ein Kleid.

Von Familie Laufer

Familie Laufer stellte auch eine Holzbaracke auf. Sie wohnten vorher bei Familie Gilcher. Als sie das Haus abrissen, bekamen sie von uns ein Zimmer, in dem kochten und wohnten sie. Bei Familie Lutz, die uns früher gegenüber wohnten, hatten sie ihr Schlafzimmer. Frau Laufer war eine liebe Frau. Als sie noch in Gilcher' s wohnten, ging ich als mit in den Wald Holzknebel sammeln. Die fuhr sie dann mit dem Leiterwägelchen heim.

Als wir Läuse hatten

Wir brachten von der Schule Läuse heim. Mutti brachte von der Apotheke eine Flüssigkeit mit nach Hause, die auf dem Kopf eingerieben wurde. Später wurde mit einem Nissenkamm durch die Haare gekämmt. Das war nicht angenehm, aber es musste sein, damit wir die Läuse los wurden.

Von Familie Arms (Höh)

Uns gegenüber wohnte Frau Arms und ihre Tochter. Sie waren beide schon sehr alt. Sie wohnten in einem alten Fachwerkhaus und hatten einen langhaarigen Hund, der hieß Molli. Wenn ich die

Straße kehrte und die Rinne, habe ich meistens ihre Seite mit gekehrt, weil sie Meistens mit einer Hand kehrte und deshalb es nicht mehr gut konnte. Sie rief mich als rein und machte mir ein Quittenbrot. Sie hatten einen schönen Garten. Die Schweine fütterten sie mit Äpfeln. Jetzt ist da alles anders. Das Haus ist abgerissen worden. Der Garten ist weg und es steht wieder ein neues Haus da.

Im Eck spielten wir viel auf der Straße. Wir spielten: „Kaiser, wieviel Schritte darf ich gehen? oder Eins, zwei, drei, du fauler Hering!" Verstecken spielten wir auch oder mit dem Ball an die Wand. Mit den Jungs spielte ich auch Fußball in den Wiesen. Federball spielte ich gern mit Laufer' s Emil.

Arbeiten im Haus

Im Frühjahr, wenn die Sonne schien, brachte ich die ganzen Matratzen raus auf die Leiter. Die wurden dann geklopft und ausgebürstet. In den Schlafzimmern war überall Holzboden. Der wurde von Zeit zu Zeit gecremt. Die Creme wurde heiß aufgelöst und wurde mit dem Cremer aufgetragen. Der Cremer war so ähnlich wie ein Schrubber, nur anstatt Bürsten hatte er einen Schwamm. Es gab rote und gelbe Creme. Der Boden sah dann wie neu aus. Nur beim Putzen bekam man farbige Finger.

Wenn Schneider' s im Winter brannten hatten sie immer warmes Wasser. Das durfte ich zum Putzen holen. Herr Schneider war immer im Brennhaus und er hatte meistens die Pfeife im Mund. Wenn Karl vorbei ging und grüßte, sagte Herr Schneider:"Karl, jetzt langts, hascht genung gegrießt." Bei vielen wurde der Boden früher gewachst und dann mit einem Blocker glänzend gemacht. Mutti tünschte auch die Zimmer. Da wurde oben mit einer Schablone ein Muster als Rand gemacht. Auch besaß sie eine Rolle für Muster zu machen.Wir freuten uns dann immer in dem frisch getünschten Zimmer zu schlafen.

An diesem Abend kam Kurt aus Weselberg, um mich zu holen. Seine Schwester war meine Patin. Ich wollte nicht mit. Mutti zwang mich oben im Bad mitzufahren. Ich war ganz verheult und musste trotzdem mit. Mit dem Motorrad nahm er mich dann mit. Am nächsten Tag rief Mutti an, ich solle nach Hause kommen, die Mannheimer Tante wäre gekommen. Mit dem Bus fuhr ich dann heim. Mutti hatte bereut, dass sie mich weggeschickt hatte! Ich kann mich erinnern, dass ich einmal Schläge bekommen habe, als ich mein Kleid mit Tinte versaute und das zweite Mal eben, als ich mit Kurt nicht mitfahren wollte. Von Papa habe ich keine Schläge bekommen.

Bei Familie Strauß

Als Mutti und Papa noch verheiratet waren, ging Papa mit mir und Volker als durch den Wald nach Hütschenhausen. Beim Straußenonkel war es immer gemütlich. Es gab Zuckerkuchen und es wurde „gemait" (erzählt). Sie hatten auch immer Katzen. Die Tilchetante konnte immer so langsam erzählen und ihre Tochter Inge war ihr später darin sehr ähnlich. Die Straußegothe, die Mutter von Irma' s Vater und meiner Oma, sowie Ilse' s Mutter. Sie war aber anders, als die Tilchetante. Sie war lebhafter und zierlich. Sie kam auf dem Schanzerhof, noch in dem alten kleinen Bauernhaus auf die Welt und wurde als erstes Kind in das neu errichtete größere Haus getragen, das 1861 fertiggestellt wurde. Dann heiratete sie nach Hütschenhausen. Meine Oma, eine Tochter von ihr heiratete nach Langwieden. Was für ein Kreislauf und ich heiratete auf die Schanz, wo meine Urgroßmutter gewohnt hat.

In dem Haus vom Onkel

Als wir im Haus vom Onkel waren und Papa und
Mutti noch zusammen waren, hatte Mutti eine
Fehlgeburt. Ich weiß noch, als Gilcher' s Erna, die
die Post hatte kam und mir die Haare machte.
Manchmal, wenn die Eltern Streit hatten, wollte
Mutti fortgehen. Papa sagte dann, wo willst du denn
hin mit den Kindern. Einmal haben Karl und ich bei
Ilse geschlafen. Da war auch Streit zwischen
beiden. Bis zu dieser Zeit war unsere Kindheit noch
einigermaßen in Ordnung. Was danach kam, war
für uns Kinder und Papa eine große Umstellung. Als
die Eltern geschieden wurden, zog Onkel Hans ein.
Papa bekam oben zwei Zimmer Vorbehalt. Dass
der Kontakt zu Papa abbrach und wir uns an Onkel
Hans gewöhnen mussten, dafür sorgte schon Mutti.
Er behandelte uns gut und als Karola auf die Welt
kam, waren wir froh mit ihr. Ich versorgte sie oft,
war aber nur noch bis 16 Jahre daheim. Ich habe
auch oft Bilder von ihr gemacht. Dann kam ich zwei
Jahre nach Krefeld. Noch heute träume ich davon,
so sehr ging es mir nach. Dann war ich ja ein Jahr
auf dem Rohrhof bei Mutti' s Stiefbruder, wo ich
Kindermädchen spielte und nicht versichert war.
Und erst, als Dieter' s Frau Tabletten nahm, sorgte
Mutti dafür, dass ich heimkam.das war auch kein
schöner Abschied und Geld hatte ich auch noch zu
kriegen usw.

Karola war ein liebes Mädchen. Als ich wieder zu Hause war, fuhr ich mit mit Karola auf die Landstuhler Burg. Als ich mit ihr einmal im Schwimmbad war, haben wir den Bus verpasst. Wir haben dann bei Heidi geschlafen. Alfons war zu dieser Zeit beim Militär. Als ich auf dem Rohrhof war, war Karola auch mal einige Tage bei mir. Zu Dieter hatte ich wenig Kontakt. Er kam auf die Welt, als ich in Krefeld war.

Fam. Alfred Strauß, Tilche Frau, Hedwig Tochter, Sohn Ottmar (gefallen), vorne Uhroma Anna (Tochter Irma nicht auf dem Bild)

Anna Strauß, geb. Stuber
Mutter von Alfred Strauß

Das Wohnhaus von Fam. Strauß
Hütschenhausen um 1930-40

Alfred Strauß in Hütschenhausen

Alfred und Irma Strauß (Tochter von Alfred)

Alfred Strauß, Mathilde Strauß
und Fritz Strack (70. Geb.)

Alfred Strauß, Bruder von
Katharina Strauß, unserer Oma
1. Weltkrieg

Michael Strauß und Eva Schäfer
Großeltern von Katharina Strauß

Er hatte sich
dem Gesang verschrieben
Alfred Strauß †

Hütschenhausen. Völlig unerwartet vereiner der treuesten Sangesbrüder des Männergesangvereins Hütschenhausen Alfred

Alfred Strauß

Strauß. Strauß war seit 1909 aktiv im Männerchor tätig. Er leitete 20 Jahre die Geschicke des Vereins und stand fünf Jahre lang als 2. Vorsitzender der Vereinsführung mit gutem Rat und Tat zur Seite. 1959 wurde er für 50-jähriges aktives Wirken mit der goldenen Ehrennadel des Deutschen Sängerbundes ausgezeichnet. Strauß war weit über die Grenzen der näheren Umgebung bekannt. Die Beerdigung findet heute nachmittag statt.

Sohn von
Anna Maria Strauß

104

Familie Klöpfer
(Mann gefallen)

Kriegstrauung Irma

2. Ehe
Irma und Johann Braun

Elternhaus von meiner Oma Katharina
Haus in Hütschenhausen
Fam. Alfred Strauß / Fam. Johann Braun

Uroma von mir, war als erste in das Haus
von Philip Stuber u. Katharina Biehl getragen
worden, auf der Schanz. Sie heiratete nach
Hütschenhausen, dort bekam sie von Strauß
3 Kinder. Alfred, Lina und Katharina, meine
Oma

105

Als ich im Krankenhaus arbeitete und einmal frei hatte, steckte mir Onkel Hans fast jedes Mal etwas in die Tasche. Manchmal war es ein Schraubenschlüssel, oder andere Dinge, die ich nicht brauchte. Am Anfang hatte ich ein bisschen Heimweh. Als ich dann meine Sachen auspackte, sah ich was er mir in die Tasche gesteckt hatte und musste lachen. Das waren so kleine Sachen, worüber ich mich freute. Als ich noch zu Hause war, fuhr Onkel Hans vor Weihnachten mit mir einkaufen. Wir fuhren mit dem Motorrad, es war sehr kalt. Mutti konnte dann Kuchen backen. Ich weiß noch, wie sie den Teig mit der Hand machte. So konnten wir an Weihnachten Kuchen essen.

Als Volker den Christbaum klaute

Einmal ging ich mit Volker den Weihnachtsbaum holen. Das war oberhalb des Friedhofes. Ich war oben im Jägersitz und musste aufpassen, dass niemand kam. Als Volker den Baum hatte, lief er schnell den Waldweg runter. Ich kam ihm kaum nach und rief: „Volker, warte!" Er aber haute ab. Ich war froh, als ich zu Hause war.

Als Volker sich in den Finger hackte

Volker hackte einmal Holz. Dabei hackte er sich in den linken Ringfinger. Er lief zu Lauer' s und sie machten ihm Schnaps darauf. Deswegen konnte das Glied des Fingers nicht mehr anwachsen. Für mich war das damals sehr schlimm. Ich konnte ihm nicht helfen und Mutti war nicht zu Hause.

Meine neuen Schuhe

Im Winter, an Weihnachten hatte ich ein paar neue Schuhe bekommen. Ich weiß noch, dass sie gefüttert und grün waren. Als ich im Eck durch den Schnee lief, knirschte es so schön. Ich glaube, so hat sich noch niemand über ein paar neue Schuhe gefreut, als ich damals.

Unser Garten, der Truthahn und die Zicklein

Am Anfang, als wir in Onkel Ludwig' s Haus wohnten, hatte Mutti oben im Garten alles schön mit hellen Steinen eingefasst. An der Scheunenmauer waren auch Trauben. Der Garten war sehr groß. Auf der Außenseite waren auch Himbeeren. Beim Unkrautrupfen half ich immer mit. Auf der linken Seite war das Dach der Scheune so nieder, dass man darauf klettern konnte. Oberhalb von uns wohnte Frau Höh, die hatte einen Truthahn. Wenn ich die Wäsche aufhängte, kam er durch den Zaun und trat auf meine Wäsche. Er hatte es auf mich abgesehen. Wir hatten auch mal kleine Zicklein. Es machte Spaß, ihnen zuzusehen, wenn sie herum hüpften.

Als Onkel Hans sich die Augen verletzte

Wir pflanzten auch noch Kartoffeln. An dem einen Stück Land standen ein paar Bäume. Als Onkel Hans da durchfuhr, schlugen ihm die Äste in die Augen. Er konnte fast nichts mehr sehen und brauchte sehr lange, bis er mit dem Traktor daheim war. Er musste nach Homburg in die Uniklinik. Mutti und ich besuchten ihn dort im Krankenhaus. Wir fuhren mit dem Zug hin. Ich weiß noch, dass ich eine beige Baskenmütze auf hatte. In dem Abteil war ein junger Franzose, dem muss ich gefallen haben. Er wollte mich haben. Mutti lachte und sagte: „Die geht ja noch in die Schule!"

Papa war auch einmal am Bein verletzt und humpelte auf der Straße herum. Onkel Hans fuhr ihn dann zu Frau Laufer, weil er mit ihr gut befreundet war und da wurde er vom Arzt versorgt.

Mein Bruder Karl und seine Verletzungen

Als Karl und Eicher' s Ernst Bremmen holten für den Pfingstquak, hackte Ernst Karl in die Hand. Als ich das hörte, lief ich Karl durch das Reeswäldchen entgegen. Er musste ja nach Martinshöhe zum Arzt gehen und ich machte mir Sorgen um ihn. Wir zwei hatten eine starke Bindung und ich hatte immer eine Not um ihn. Ich glaube, er hat die Verletzungen angezogen. Im alten Hof ist er zwei Mal auf den Rost vor der Treppe gefallen und musste am Kopf und an der Stirn geklammert werden. In Onkel Ludwig' s Haus fiel er einmal auf der Treppe hin und blutete sehr. Cilia, die damals noch bei uns wohnte, half mir Karl zu versorgen, denn Mutti war nicht da.

Als Karl in Kur war

Karl war auch mal in Erholung. Er war nervös und hat mit den Augenlidern gezuckt. Unser Lehrer hat uns alle einen Brief in der Schule an Karl schreiben lassen. Laufer' s Emil' s Brief wurde dann an Karl abgeschickt. Als er dann wieder in der Schule war, hat Frau Seebode Karl in der Pause immer ein Brot gemacht.

Der Tag des Waldes

Als der Tag des Baumes oder des Waldes war, trafen wir, die Langwiedener Kinder die Hauptstuhler Schüler im Wald. Heidi sollte ein Gedicht aufsagen, aber dasselbe Gedicht sagte eine Schülerin von Hauptstuhl:

„Ich ging im Wald so vor mich hin, um nichts zu suchen,

das war mein Sinn. Im Schatten sah ich ein Blümlein stehn,

wie Sterne leuchten, so morgenschön.

Ich wollt es brechen, da sagt' es fein:

Soll ich zum welken gebrochen sein?"

Die schönen Lieder, die uns unser Lehrer gelernt hat

Neulich sprach ich mit Roland, Ilse' s Schwager über meine Schwester Heidi, als beide musizierten. Er sagte, er hätte noch einen Zeitungsausschnitt, wo Heidi und Roland Akkordeon spielten und die Schulkinder drum herum saßen. Das war auch im Wald und unser Lehrer Seebode hat das Bild gemacht. Roland will mir diesen Ausschnitt schicken. Unser Lehrer konnte selber nicht gut singen, aber er hat uns schöne Lieder gelernt. Wenn er gut aufgelegt war, ging er mit uns in die Kirche und spielte Harmonium. Das war für uns immer was Besonderes. Er spielte Kirchenlieder, aber auch andere, zum Beispiel:

„Als unser Mops ein Möpschen war, da konnt er freunlich sein. Jetzt bellt er alle Tage und brummt noch obendrein."

Im Frühjahr sangen wir:

„Sei willkommen lieber Frühling, sei gegrüßt viel tausendmal.

lieber Frühling bleib recht lange, lang in unserm stillen Tal. La, la, la…

Und wir wollen Kränze winden und uns schmücken, schön wie du

und wir wollen Lieder singen und so fröhlich sein wie du. La, la, la…

Dir zu Ehren sollen schallen unsre Flöten und Schallmein

und wir wollen dir zu Ehren tanzen unsern Ringelrein. La. la, la."

Wir sangen auch Kanons:

„Es tönen die Lieder, der Frühling kehrt wieder.

Es spielet der Hirte auf seiner Schallmein. La, la, la…"

Im Herbst sangen wir:

„So scheiden wir mit Sang und Klang, leb wohl du schöner Wald…

In deinem kühlen Schatten, in deinen grünen Matten du süßer Aufenthalt"

Wir singen auf dem Heimweg noch ein Lied der Dankbarkeit usw.

Die guten und die schlechten Seiten von unserem Lehrer

Unser Lehrer malte auch schön. Die Burg Trifels, die Annebos und die Münz malte er in Aquarell. Auf diesem Gebiet machte ihm so schnell keiner was nach. Er war auch mal Taubstummenlehrer. So gut er manchmal war, so konnte er einen auch blamieren. Zu mir sagte er mal: „Wenn du denkst, du bist allein, dann spiel mit Deinen Fingerlein". Er schickte die Schüler vor die Tür, die nicht gut singen konnten. Die mussten dann singen und wurden ausgelacht. Er las uns auch Geschichten von Peter Rossegger. Ich erinnere mich noch an den Waldbauernbub und an die Geschichte: „Als ich Christtagsfreude holen ging." Manchmal nahm er auch einige Schüler mit in sein Wohnzimmer und lies uns ein Hörspiel vorspielen. Das war dann gerade nach Lust und Laune, oft vor der Weihnachtszeit.

Das Frühlingsgedicht

Neulich habe ich am Fernsehen gehört, wie der Ansager das Gedicht vom Frühling sagte. Das erinnerte mich an die Schulzeit, als wir dieses Gedicht lernten:

„Frühling lässt sein blaues Band wieder flattern durch die Lüfte.

Süße, wohlbekannte Düfte ziehen ahnungsvoll durchs Land.

Veilchen träumen schon, wollen balde kommen,

hört von fern ein süsser Harfenton.

Frühling, ja Du bist' s Dich hab ich vernommen."

Das Bübchen vom Weiher hab ich auch noch in Erinnerung:

„Das Büblein steht am Weiher und spricht ganz zu sich leis.

Ich mein ich könnt es wagen, das Eis es müsst doch tragen, wer weiß?

Das Büblein stampft und hacket mit seinen Stiefelein,

 das Eis auf einmal knackt und krachet, schon bricht' s hinein.

Oh helft, ich muss ertrinken, im tiefen, tiefen See,

oh helft, ich muss versinken vor lauter Eis und Schnee.

Wär nicht ein Mann gekommen, der sich ein Herz genommen, oh weh!

Er packt es bei dem Schopfe und zieht es dann heraus.

Das Büblein hat gezappelt, wie eine Wassermaus,

Der Vater hat' s geklopfet, zu Haus!"

Diese beiden Gedichte habe ich am meisten behalten. Das Gedicht von: „Drauß vom Walde komm ich her" habe ich auch gelernt, aber ganz vollständig kann ich es nicht mehr.

Von Ostern und den Nestern

Jetzt ist wieder Osterzeit. So muss ich daran denken, wie wir Kinder Nester bauten mit Ziegeln und Moos. Soviel wie heute die Kinder bekommen, soviel bekamen wir nicht. Wir hatten Gipshasen. Da konnte man den Kopf abnehmen und sie mit Eierchen füllen. Wir bekamen auch Hasen, jedoch nicht so große. Aber trotzdem haben wir uns gefreut. Natürlich haben wir auch Eier gefärbt. Ostersonntags stand ich schon früh auf. Ich habe auf der Treppe zum Garten ein bisschen Moos und kleine Eier gelegt. Für Karola und Karl habe ich das Nest gefüllt. Davon habe ich noch ein Bild von Karola, als sie das Nest ausräumte.

Jetzt habe ich für meine Enkel an Ostern die Nester zu füllen. So vergeht die Zeit, das sieht man an den Kindern.

Als ich in St. Ingbert und Brebach in Ferien war

In den Ferien war ich einmal bei Tante Anneliese, Ilse' s Schwester. Sie war meine Patin und wohnte in St. Ingbert. Sie hatte noch zwei Söhne, Wolfgang und Klaus. In der Nähe war der Wald, da gingen wir oft spazieren. Wolfgang war ein sehr netter Junge. Wir waren einmal im Schwimmbad, da tauchte Wolfgang. Im Becken befanden sich einige

Gucklöcher, zu denen tauchte er immer hin. Sie hatten auch ein paar Hühner. Das Bad befand sich damals über den Hof. Tante Anneliese konnte auch gut kochen. Ihr Mann ist schon früh gestorben. Sie starb mit 70 Jahren. Vor zwei oder drei Jahren ist auch Wolfgang plötzlich gestorben.

In Brebach, das ist im Saarland, war ich auch mal in Ferien. Bei Tante Leni, die waren im Krieg mal bei uns auf dem Hof. Deswegen holte sie mich zu ihnen. Sie nahm mich manchmal mit, wenn sie für die Versicherung Beiträge erhob. Bei einer dieser Familien bekamen wir Waldmeister zu trinken, das war fein. Leni' s Schwiegermutter und eine Tante wohnten unten. Sie machten als Karottensaft und gaben mir davon zu trinken. Hinten im Garten standen Obstbäume, dort hielt ich mich oft auf. Leni' s Mann arbeitete im Büro. Kinder hatten sie keine, aber einen Dackel, der hieß Struppi. Leni kaufte mir ein schönes Kleid. Es war blau und hatte runde Streifen und Muster. Sie kaufte mir auch ein paar beige Wildlederschuhe und einen Fingerring. Später haben wir gehört, dass sie geschieden sind. Ihr Mann hatte eine Andere. Leni heiratete später den Sohn von ihrer Freundin. Er war viel jünger als sie. Dann bekamen sie noch einen Sohn.

Bei unserem Lehrer lernten wir in Erdkunde von der Pfalz, sowie von Europa. Hauptsächlich lernten wir von der Pfalz, der westpfälzischen Moorniederung, vom Pfälzer Wald, vom Nordpfälzer Bergland, der Hardt, der Westpfälzischen Rheinebene, sowie von der Anilin und Sodafabrik. Dazu lernten wir von den ganzen Flüssen die Namen, wie der Rhein, die Nahe, die Mosel, die Isar, Inn, Donau usw. Außerdem schrieben wir Aufsätze. Im Rechnen nahmen wir Malnehmen, Teilaufgaben, Bruchrechnen und Plusaufgaben durch. Wir lernten von den Burgen Trifels, Annebos und Münz. Wir hatten auch Schönschreiben in Deutsch. Vom Bamsterhof (jetzt Schernau) waren auch zwei Schüler bei uns in der Schule. Sie hießen Fritz Oberlin und Gerda Krüger. Gerda, die schon in den größeren Klassen war, nannten wir „Tante". Sie war für uns kleineren Schüler wie eine Mutter. Da war noch Müllers Christa und Rosel Bosle. Sie gehörten auch zu den großen. Heidi, meine Schwester, und ich besuchten Gerda öfters auf dem Bamsterhof. Sie hatten so schöne Spiele. Eins davon war mit runden bunten Kugeln und das andere war ein Stockspiel, da konnte man schöne Figuren machen. Frau Krüger war einmal bei uns. Sie kochte eine Suppe mit Holunderbeeren, die war süß und war rot. Für sie war es etwas Gutes, aber wir waren es nicht gewohnt süße Suppen zu essen.

Was es bei uns zu essen gab

Bei uns daheim gab es Gerstensuppe, Gemüsesuppe oder sonstige Suppen mit Reis, Grünkernmehl, Markklößchensuppe, Grießsuppe, Erbsen- und Linsensuppe, Nudelsuppe, Wurstsuppe mit Riwelchen drin usw. Es gab nicht jeden Tag Fleisch. Manchmal gab es Hawedampfnudeln mit Weinsoße oder Pudding. Grießbrei mit Zucker und Zimt. Das war nicht gerade mein Lieblingsessen. Reisbrei mit gekochtem Obst. Es gab rostige Ritter. Das waren in Milch eingeweichte Brötchen in Zimt und Zucker gewellt und in Butter gebacken.

Von Kartoffeln gab es verschiedene Gerichte. Kartoffelsalat, Kartoffelpüree, Kartoffelpfannkuchen, gebackene oder geröstete Kartoffeln. Außerdem gab es Horische Knepp, oder Zorlknepp das war so ähnlich wie Schales. Es gab Schneebällchen aus gekochten Kartoffeln, Plattgeschmelzte aus neuen Kartoffeln mit Butter und gerösteten Zwiebeln. Da waren die Fluddeknepp aus gekochten, gestampften Kartoffeln und Mehl, die mit Fett und einem Esslöffel abgestochen wurden. Wir hatten auch viel gedörrtes Obst, das unsere Oma im Backofen dörrte. Das gab es dann meistens zu Mehlspeisen oder Verheirateten. Das waren Kartoffeln und Wasserspatzen zusammen gekocht.

Oft gab es auch rote Rüben, die ich als Kind gar nicht mochte.

Fleisch gab es gesalzenes, das dann geraucht wurde. Bauchlappen, Schinken, Eisbein und Knochen. Dazu gab es Sauerkraut und Kartoffelpüree. Von den Knochen wurde Suppe gekocht. Gemüse gab es Rotkraut, Bayrisches Kraut, Erbsen und Gelbrüben, Bohnengemüse, Kohlrabi, Spinat usw. Mageres Fleisch wurde eingekocht. Damals hatte man noch keine Kühltruhe. Salat hatten wir im Garten, sowie Zwiebelschlotten, Borretsch, Schnittlauch und Petersilie für den Salat. Andere Kräuter wie Bohnenkraut und Maggikraut für die Suppe. Lauch und Sellerie pflanzten wir auch. Die Blätter vom Sellerie, sowie die Knolle wurden durchgedreht und gesalzen. Das kam dann in ein Glas und wurde löffelweise an die Suppe gemacht. Wir hatten auch einen gemauerten Backofen und eine Futterküche, wo die Kartoffeln für die Schweine gekocht wurden. Früher wurde das Brot noch selber gebacken. Aber als ich noch zu Hause war, kam bereits der Bäcker von Martinshöhe zwei bis dreimal die Woche. Auch von Mittelbrunn kam ein Bäcker. Von Bruchmühlbach kam auch als der Bäcker Schmitt. Im Sommer kam er sogar mit Eis. Das war immer was Besonderes. Als er aber einen Unfall hatte, in der sogenannten Todeskurve von Bruchmühlbach, von der Zeit ab kam er nicht mehr.

Wenn wir Schlachtfest hatten

Wenn wir Schlachtfest hatten wurde auch Blut- und Leberwurst, sowie Schwartenmagen gemacht. Die Wurstsuppe wurde ausgeteilt. Jeder der selbst geschlachtet hatte, konnte sich Wurstsuppe holen. Also umgekehrt konnten wir uns auch bei Anderen Suppe holen. So wurde die Wurstsuppe verwendet und nicht ausgeschüttet. Wenn Latwerch gekocht wurde, kam immer die Lautrer Mamme und half die Zwetschgen entsteinen. Der Latwerch musste gut zwei Stunden kochen, damit er sich auch hielt. Wir hatten Töpfe aus Steingut. Darin wurde er aufgehoben. Das Sauerkraut wurde auch selber eingemacht. Zuerst wurde das Weißkraut gehobelt, dann kam es Schichtweise in einen Steingutbehälter und wurde gesalzen und gestampft. Oben auf die letzte Schicht kam ein Leinenes Tuch, darauf kamen Brettchen und ein Stein zum Beschweren. Dasselbe wurde auch mit den Bohnen gemacht. Diese mussten aber vorher abgekocht werden, bis sie sich um den Finger wickeln ließen. Von Zeit zu Zeit musste die oberste Schicht abgewaschen werden, damit es nicht zu sehr gährte. Beim Fleisch musste die Lacke vorher abgekocht und abgekühlt werden. Ich glaube es wurde auch Pökelsalz sowie Kandiszucker verwendet, damit das Fleisch eine schöne frische Farbe hatte und auch gut schmeckte. Meistens wurde im Winter geschlachtet wegen der Auskühlung und den Fliegen. Im Frühjahr machte man als Brennnesseln über die Lacke, um die Fliegen abzuhalten. Wenn wir Gemüse hatten, so wurde es im Winter in der Erde eingeschlagen und die Karotten wurden mit Stroh bedeckt und mit Erde abgedeckt. Wenn im Keller nicht genug Platz war für die Dickrüben, so kamen sie in eine Kaut und wurden auch mit Stroh und dann mit Erde bedeckt. So hatte man immer Vorrat für die Tiere und es erfror nichts. Im Winter wurden zuerst die Rüben aus dem Keller gefüttert. Die Rüben wurden geputzt und dann gekrutzt. Wir fütterten noch Spreu darüber. Dann wurden sie in Körbe geschippt und dann dem Vieh in die Krippe geschüttet. Zum Schluss bekamen sie noch Heu.

Im Frühjahr, wenn das Gras gewachsen war, wurden ein paar Mahren gemäht, zusammen gerechelt und aufgeladen. In der Scheune wurde das Gras wieder abgeladen und den Kühen eingegeben. Bei uns wurde das Vieh nicht auf die Weiden gelassen. Damals hatte man noch kleine

Parzellen, so lohnte es sich nicht das Vieh raus zu lassen. Erst viel später, als wir unseren Hof nicht mehr hatten, kam der grüne Plan. Da wurden Äcker, die vorher an den Bergen waren auf andere Plätze verlegt. Die Berge wurden in Wiesen angelegt und großflächiger zusammengeschlossen. So wie bei der Flurbereinigung. Oben an den Weiden wurden Sträucher als Windschutz angepflanzt. Dabei haben viele Freiwillige, auch Jugendliche mitgeholfen. So hat Langwieden durch die Wiesen an den Bergen ein schönes Bild bekommen. Es war auch eine Erleichterung. Die Bauern konnten nun ihr Vieh auf die Weiden bringen. Die Weiden wurden eingezäunt. Vor allem der steile Reselberg, wo wir ja früher auch Ackerland besaßen.

Als ich Kühe hütete

Ich kann mich noch erinnern, dass es schon herbstlich war. Im Sommer wäre das nicht so schön gewesen. Da gab es oft Gewitter und davor hatte ich Angst. Die Fliegen hätten dann den Kühen auch zugesetzt und wären unruhig gewesen. Die Herde musste ich immer im Auge behalten. Wenn eine Kuh losrannte, so kamen die anderen Kühe sicher nach und ich musste rennen, bis ich sie wieder beisammen hatte. Ich konnte aber beim Hüten die Freiheit der Natur genießen, wie im Herbst die Blätter sich färbten und der Wald schön bunt wurde. Viele Käfer, Mäuse und Vögel konnte ich beobachten. Ich glaube durch diese Freiheit konnte ich mich besser entfalten und es gab mir auch etwas Selbstwertgefühl. Damals hatte man noch keine Uhr. Man konnte aber am Stand der Sonne und dem Schatten sehen, wie spät es ist. Mein Vater hat mir mal gezeigt, wie man mit Hilfe eines Hölzchens sehen konnte, wie spät es ist. Ich weiß es heute nicht mehr genau, wie es ging. Man musste ein Hölzchen zwischen den Ringfinger stecken, dann konnte man am Schatten, der auf die anderen Finger fiel sehen, wie spät es ist. Bei Schneider' s habe ich oft die Kühe gehütet. Da war ich auf der Spick, Richtung Landstuhl. Da verbrachte ich oft den ganzen Mittag. Ich hatte da keine Angst und fühlte mich verantwortlich für die Tiere. Im Freien war ich immer sehr gerne, ich lies mich nicht gerne irgendwo einsperren. So konnte ich die Wolken beobachten und meinen Gedanken freien Lauf lassen. Damals war ich noch in der Schule. Wir hatten eine weiße Ziege, die nahm ich als mit auf den Kühnerkopf, das war Richtung Gerhardsbrunn. Dort haute mir die Herde mal ab, in die Herrendelle. Das war hinter Kiefer' s. Dort standen viele Obstbäume. Mutti hatte mir damals ein schönes Jäckchen gestrickt. Ich zog es aus, als eine Kuh es erwischte und kaputt machte. Ich zog an und kämpfte um mein Jäckchen. Aber die Kuh war stärker und machte es kaputt. Schneider' s haben mir aber kein neues Jäckchen gekauft. Fürs Hüten bekam ich dann Kaffee und Brot mit Marmelade. Als ich in Glücke half, da half als die ganze Familie. Frau Höh kochte als für uns. Sie war die Mutter von Frau Glück und hatte einen Kolonialwarenladen. Sie wohnte gerade oberhalb von uns. In Lauer' s half ich auch arbeiten und bekam dafür auch gutes Mittagessen.

Bei Frau Höh wurde noch alles abgewogen. Zucker, Salz und Mehl kamen in Tüten. Sie hatte auch Gläser mit bunten Bonbons. Wenn wir kein Geld hatten, wurde noch aufgeschrieben.

Als das Unwetter kam

Ich kann mich noch erinnern, dass ich, als ich noch zu Hause und in der Schule war, in ein schreckliches Unwetter kam. Der Himmel hatte eine dunkel-orangene Farbe. Man konnte sehen, dass der Sturm Bäume mit der Wurzel ausriss. Von der Hofstadt riss es die Straße auf, das ganze Wasser und der schlamm liefen die Straße herunter. So ein schreckliches Unwetter habe ich noch nicht erlebt.

Man kann Gott dafür danken, dass wir ein solches Unwetter nicht mehr erleben mussten.

Von den Erdäpfeln

Die Erdäpfel, die im Herbst geerntet wurden, gibt es heute fast nicht mehr. Auf dem Weg zum Zollstock, Richtung Gerhardsbrunn, war linker Hand auf der Anhöhe des Berges Land, auf dem Erdäfel gepflanzt wurden. Diese hatten einen langen Stängel und die Knolle sah ähnlich aus wie Kohlrabi. Sie wurden für die Pferde angepflanzt. Wir Kinder holten uns hin und wieder ein paar und aßen sie. Sie schmeckten süß. Heute werden sie nur noch angepflanzt, um das Wild von der Straße fernzuhalten. Auf diesem Weg standen Holztelegrafenmasten, wir hielten das Ohr dran, dann hörte man, dass es summte. Oben an der Kreuzung war eine Bushaltestelle, wo der Bus nach Zweibrücken fuhr.

Auf dem Weg zur Spick standen rechts vom Weg Kastanienbäume. Da sammelten wir im Herbst Kastanien auf.

Peter-Schnapp-Männchen

Wir machten auch aus den Stängeln des Hundskümmels Peter-Schnapp-Männchen. Dafür brauchten wir dicke Stängel, die wurden oben abgeschnitten, so dass man einen dünneren Stängel auf- und abziehen konnte. So sagten wir Peter schnapp, wenn der dünne Stängel oben sich verneigte. Weiter oben, wo die Spatzenkirschen waren, gegenüber am Hang wuchsen im Sommer Walderdbeeren. Die pflückten wir und aßen sie.

Wenn im Sommer die Pferde eingespannt wurden, um Heu zu holen oder das Getreide abzumachen, wurden die Pferde mit dunklem Öl eingeschmiert. Das Öl wurde wegen der Bremsen genommen. Dieses Öl wurde immer mitgenommen und wenn es schlimm war mit den Bremsen (großen Stechmücken), wurde das Öl aufgetragen. Die Pferde hatten große Angst vor diesen Bremsen. So kam es auch vor, dass sie manchmal durchgingen.

Wenn Jauche gefahren wurde, so wurde mit einer Handpumpe die Jauche in den Holzkannel gepumpt. Die lief dann von dem Kannel in das Fass. Manchmal habe ich auch gepumpt. Das ging aber nicht leicht. Im Herbst, wenn das Getreide ab war, wurde Mist gefahren.

Der Mist wurde auch von Hand geladen. Wenn der Wagen voll war, so wurde der Mist mit einer Holzpletsche festgepletscht, damit er nicht runter fiel. Auf dem Feld wurde der Mist mit einem Mistkrappen alle paar Meter in kleinen Haufen abgezogen. Wenn das Feld voll mit Mist war, wurde der Mist mit einer Gabel auseinandergespreitet, das war keine leichte Arbeit. Wenn man das nicht gewohnt war, gab es schnell Blasen an den Händen. Das selbe war auch beim Heuwenden, da gab es auch manchmal Blasen an den Händen.

Vom Dreschflegel

Früher wurde das Getreide mit einem Dreschflegel abgeklopft. Unter das Getreide kam eine Plane, dann wurde im Takt geklopft. Wir hatten noch einen Dreschflegel, da konnten wir als üben.

Wenn das Getreide gemäht wurde, so war an der Sense ein Bogen, an dem war ein Tuch, damit die Halme nicht vorflogen. Mit einer Sichel wurden dann Garben gemacht, die mit Strohseilen zusammengebunden wurden.

Von den Disteln

Früher wurden auch die Disteln im Getreide mit einem Distelstecher gestochen. Der Distelstecher hatte einen langen Stiel, an dem war ein Messer oder eine Klinge.

Beim Rüben ausmachen wurden immer zwei Reichen ausgerupft. Diese wurden dann in zwei Reihen gegeneinander gelegt, dann wurden die Blätter mit einem Beilchen oder einem Spaten abgehackt. Die Blätter wurden aufgeladen und dem Vieh gefüttert. Das Aufladen der Rüben war auch keine leichte Arbeit. Da bekam man oft Kreuzschmerzen, das Selbe war auch beim Ausrupfen, da gab es oft Kreuzweh. Dafür ging das Abladen leichter. Wenn ein Loch im Wagen war, so konnte man auch gut stehen, dann ging es schnell.

Rummelbooze

Wenn die Rübenernte vorbei war, machten wir uns Rummelbooze. Das waren Dickrüben, die wir aushöhlten und ein Gesicht machten. Oben war der Deckel, darin war ein Loch, damit die Kerze, die darin war, Sauerstoff gekam. Wir machten große Augen, Mund und Zähne. Wenn die Kerze dann brannte, so konnte man sich schön fürchten. Wir machten unten ein Loch in die Rübe, dann steckten wir einen Stock hinein. So konnte man den Rummelbooz hochheben und den Leuten an die Fenster halten. Sie sollten sich dann fürchten. Später stellten wir sie dann auf die Treppe.

Die Zeit, wo wir Kinder im Sommer Heidelbeeren pflückten, ist in meiner Erinnerung die schönste Zeit. Wir Kinder, meine Geschwister und ich, gingen mit Milchkännchen, die wir uns um den Bauch banden, ins Mielfeld außerhalb vom Friedhof, um Heidelbeeren zu pflücken. Damals war es schon der Weg dahin, den wir freudig gingen. Oft war es auch heiß, aber wir kannten unsere Plätze, wo es viel Heidelbeeren gab. Wir Mädchen waren emsiger im Sammeln als die Jungs. Manche Jungs machten Blätter in die Kanne, damit sie schneller voll hatten. Wir gingen aber nicht eher heim, bis die Kanne voll war. Damals war auch eine Gemeinschaft unter den

Kindern, wir hatten auch die gleichen Interessen. Wir konnten auch ruhig in den Wald gehen, ohne Angst zu haben. Frau Eicher, Rudi Becks Mutter, war auch eine eifrige Sammlerin. Sie hatte einen Kamm, um die Heidelbeeren zu pflücken. Das ging schneller, aber dafür hatte sie mehr Blätter in den Heidelbeeren.

Im Winter machte unser Vater als Stricke, dafür hatte er eine Vorrichtung, da kam die Schnur hinein. Diese wurde von einem Ende bis zum anderen Ende der Scheune gespannt. Am Schluss wurden die Schnüre zusammengezogen, da war der Strick fertig, das ging schnell. Im Herbst, wenn gezackert wurde, konnte man sehen, ob es viele Maikäfer gab. Die Larven, Engerlinge, waren schon in der Erde. Wenn es viele waren, konnte man darauf gehen, dass es im Mai auch viele gab. Wir fingen die Maikäfer als und steckten sie in Streichholzkästchen. Wir machten Löcher in die Kästchen und fütterten sie mit Laub. Wenn die Hühner sie erwischten, so fraßen sie die Käfer.

Unser Lehrer Seebode hatte einen Taubenschlag. Er schickte die Tauben ab und zu weg und wartete dann mit einer Uhr, wie lange sie brauchten, bis sie wieder zurück kamen. Ich glaube, er hat auch Preise gewonnen. In seiner Wohnung hatte er verschiedene Bilder von den Tauben aufgehängt. Die Jungs machten ihm manchmal den Taubenschlag sauber. Mein Bruder Volker machte das auch ein paarmal. Zu ihm sagte er oft „Bär", weil er immer etwas brummelte. Ich fühlte mich dann beleidigt, weil er ja mein Bruder war. Mit den großen Jungs hatte er auch seinen Kampf. Einer der Jungen wollte einmal zu Fenster hinausspringen, da ist er mit dem Stock hinterher. Einmal waren die Martinshöher Schüler mit ihrem Lehrer Dibold bei uns in der Schule. Ein Schüler hat mich mit dem Ball geärgert. Wir gerieten aneinander. Ich rupfte ihn an den Haaren und er schlug mir ein Stück von meinen Zahn ab Das gab noch ein Nachspiel. Ich musste zum Zahnarzt. Aber das Eckchen am Zahn fehlt mir immer noch. Derselbe Junge hat meiner Schwester einmal die Heidelbeeren ausgeschüttet. Er wohnte am Buchweg. Martinshöhe war früher ja bekannt, da gab es oft an der Kerwe Schlägereien. Als ich am Buchweg vorbei musste, um Brot zu holen hatte ich immer ein bisschen Angst. Im Herbst wanderte unser Lehrer mit uns Schülern öfters mit uns in den Wald Pilze suchen. Er hatte gute Pilzkenntnisse und konnte die giftigen von den essbaren unterscheiden. Wir Schulkinder sammelten zusammen schon mal ein Körbchen voll. Meine Mutter ging auch Pilze sammeln. Das hat sie von dem Lautrer Babe (Onkel) gelernt. Der hat sie im Lauterer Wald oft mitgenommen, um Pilze zu suchen. Da waren die Steinpilze, Pfifferlinge, Hahnenkämme, Birkenpilze und Champignons. Es gab aber auch ähnliche, die giftig waren. Ich war mir nur bei den Champignons sicher. Wenn man sich da nicht sicher ist, soll man die Finger davon lassen, sonst isst man sie nur einmal. Bei uns gab es im Herbst oft Pilze. Steinpilze wurden anders zubereitet, als Champignons. Ich glaube, dass sie mit Ei und Weckmehl oder Mehl paniert wurden. Champignons wurden mit Zwiebeln und Butter gedünstet. Beim Champignon suchen war ich manchmal dabei und hatte keine große Mühe welche zu finden.

Mutti erzählte auch, wie es vor dem Krieg in Kaiserslautern war und wie es dort aussah. Da standen noch Baracken und Holzhäuser. Die Armut war groß und wie man es aus dem übrigen deutschen Reich her hörte flammten gerade in diesen ärmeren Regionen heftige Straßenschlachten auf. Da wurden Pflastersteine aus der Erde gerissen und sich gegenseitig damit beworfen. Von diesem Gelände erinnert heute nichts mehr an früher. Dort wo einst der dreckigste Ecken der Stadt war, befindet sich heute das Gelände der Landesgartenschau.

Als Mutti von unserer Oma die Kasse bekam

Mutti war schon einige Zeit verheiratet, aber Oma hatte immer noch die Kasse. Oft fuhr Mutti nach Mannheim, um von ihrer Mutter Geld zu borgen. Als sie dann von Oma die Kasse endlich bekam, war sie leer. Da sagte sie: „Mit nix kann ich nix machen!". Allerdings war das in der Landwirtschaft nichts Ungewöhnliches. Da fehlte es oft an allen Ecken und Enden. Die einzige Einnahme war das Milchgeld. Mein Vater handelte mit dem Vieh. Da bekam er oft schlechtere Tiere, als er vorher hatte. So schlugen wir uns durch, bis es halt nicht mehr ging und unser Hof verkauft werden musste.

Von Weihnachten

Wenn vor Weihnachten gebacken wurde, war im Zimmer neben der Küche ein Schrank, darin wurde das Gebäck aufbewahrt. Da stand eine große Schüssel und aus der holten wir uns öfters ein paar

Hände voll Gebäck. Da waren wir uns immer einig. Volker und ich passten immer auf, dass uns niemand sah. Das was man nicht essen sollte schmeckt ja immer besser. Einmal hatten wir Besuch, ich glaube von Mannheim und unsere Katze trank aus ihrer Schüssel Milch. Mutti erzählte, dass wir drei auf dem Boden lagen und mit der Katze zusammen aus der Schüssel tranken. Der Besuch wollte nicht glauben, was er da sah. Sie regten sich sehr darüber auf, aber uns hat es nicht geschadet, wir haben es überlebt.

In der Weihnachtszeit, wenn der Nikolaus kam, wurde Weihnachtsgebäck gebacken. Die Kinder, die in der Schule waren, wurden vom Nikolaus beschenkt. Damit das alles in Ordnung war, wurden von Haus zu Haus Päckchen gesammelt und in der Schule abgegeben. Natürlich kam auch der Name auf das Päckchen. Bei uns in den Päckchen waren meistens Gebäck, Lebkuchen und Nüsse drin, sowie Äpfel. Wir waren damit aber zufrieden. Manche Kinder bekamen auch noch Geschenke. Ich glaube aber, dass es darauf gar nicht ankam, wer die größten Geschenke bekam. Vielmehr zählten die Vorbereitungen mit dem Backen des Gutzels, da wir auch helfen durften. Die Vorfreude auf den Nikolaus, das zählte mehr. In der Schule war es dann spannend, bis der Nikolaus endlich kam. Manche Kinder sagten ein Gedicht auf:

„Von draus vom Walde komm ich her" usw. Der Nikolaus rief dann die Kinder auf, dann bekamen sie ihre Päckchen. Für manche hatte er auch Ermahnungen und die Rute. Trotzdem war es ein gemütlicher und spannender Nikolausabend, den ich als Kind nicht missen wollte. Heute gibt es die Weihnachtsmärkte überall in den Ortschaften. Für mich ist das aber viel zu viel Aufwand. Sicher geben sich die Leute viel Mühe um das alles aufzubauen. Ich denke aber, dass dadurch die Weihnachtsfreude etwas gedämpft wird. Dieser ganze Rummel vorher und die Reklame in den Geschäften lässt den eigentlichen Sinn für Weihnachten in den Hintergrund geraten. Bei uns zu Hause wurden noch Weihnachtslieder mit dem Akkordeon gespielt und gesungen.

Als Kinder haben wir auch noch gebetet. Beim Essen beteten wir: "Komm Herr Jesu sei unser Gast und segne, was du uns bescheret hast. Amen" oder „Alle guten Gaben, alles was wir haben, kommt oh Gott von Dir, wir danken Dir dafür. Amen." Abends beteten wir:"Ich bin klein, mein Herz ist rein, soll niemand drin wohnen, als Jesus allein. Amen." oder „Lieber Gott mach mich fromm, dass ich in den Himmel komm. Amen" oder „Müde bin ich, geh zur Ruh, schließe beide Augen zu. Hab Dank im

Himmel du Vater mein, dass Du hast wollen bei mir sein. Behüte mich auch diesen Tag, dass mir kein Leid geschehen mag. Kranken Herzen sende Ruh, nasse Augen schliesse zu. Lass den Mond am Himmel stehen und die stille Welt besehen. Amen".

Als ich noch ganz klein war und meine Mutter fortging und mich nicht mitnahm, habe ich mich an die Tür gelegt und so geschrien, dass die Nachbarsfrau kam. Sie glaubte es wäre etwas passiert, doch als sie nichts dergleichen sah, sagte sie ich gäbe mal ein Tyrann!

Wenn wir Kinder im Dorf waren und spielten, war der Mittelpunkt immer am Milchhäuschen. Der Hof gehörte zur Hälfte Zerfas und die andere Hälfte gehörte Neu. Da gab es auch oft Streitigkeiten wegen der Grenze. Inzwischen ist da ja eine Mauer. die die Grenze zeigt. Wir spielten oft da, wir hüpften Seil oder wir machten uns Hickelhäuschen. Ich glaube heute wissen die Kinder nicht mehr, was das ist. Man warf einen Stein in den Kasten. Dann hickelten wir auf einem Bein und holten den Stein ohne abzusetzen. Dann wurde weiter geworfen. Oben waren die Kasten doppelt, da durfte man ausruhen. Dann ging es wieder zurück auf einem

Bein, man durfte aber nicht auf die Linie kommen. Meistens war Iris dabei. Im Dorf hatte fast jeder einen Unnamen. Zu mir sagten sie Gockel. Armin sagte das auch zu mir. Sie hatten noch eine amerikanische Familie, mit deren Tochter ich auch spielte. Er sagte dann den Unnamen auf Englisch, ich glaube Huster, was mich sehr kränkte. Ich lief dann zu Schmidde Ilses Haus und heulte. In der Schule fingen diese Unnamen an. Da wir ja katholische und protestantische Pfarrer hatten, wurde auch gegenseitig geschimpft. Die Katholischen waren die Kreuzköpfe und die Evangelischen waren die Lutherköpfe. Einige Unnamen fallen mir noch ein. Da war der Weißkopf, der Strohkopf, Iddishas, Botz und Bär. Wenn es aber Zeit war um heimzugehen, rief uns unsere Mutter und wir machten uns auf den Heimweg. Da war aber der Streit schon wieder vergessen. Ich glaube, dass diese Freiheiten, die wir als Kinder hatten, als wir im Dorf noch spielten, heute so nicht mehr vorhanden sind. Wir waren nicht reich, aber zufriedener wie heute die Kinder sind.

Die Zeit nach dem Krieg

Ich erinnere mich noch daran, was über den Krieg noch gesprochen wurde und was die Leute erlebt haben. Mir hat dann ein gewisses Unbehagen zu schaffen gemacht, auch Angst stieg in mir auf. Ich war dann immer froh, als nicht mehr darüber gesprochen wurde. Es war einmal ein Auto da im Dorf, das zeigte die Wochenschau und einen Kriegsfilm, das hat mich sehr beängstigt. Ich hoffe nur, dass unsere Kinder und Enkel keinen Krieg mehr erleben müssen und eine Zeit in Frieden erleben können.

Frau Heintz und die Tochter Karla wohnten bevor sie bauten im Haus von Zerfas. Dort hatten sie zwei Zimmer. Frau Heintz betreute auch ihre Schwester Brigitte. Ich war öfters bei Karla. Wir machten uns dann oft Kartoffeln. Die schnitten wir in kleine Würfel und brieten sie in Fett. Die schmeckten gut. Bei uns zu Hause machten wir rohe Kartoffelscheiben, die legten wir auf die Ofenplatte und ließen sie dort braten.

Monika H., Karla, Hertha u. Christa M.

Heidi und Karla

Kerwe Langwieden

Volker

Karla, Volker, Irmgard und Erika

Hertha Heinz,
Vater von H., Karla
und Mutter Monika

Karlas Eltern in Lutze - Langwieden

Vater von Karla, Mann
von Monika (gefallen)

Monika Heinz und Karla

Kerwe
v.l. Emil L., Horst
G., Irmgard L.,
Karla H., Horst N.,
Uschi Pagels

Die Fahrt nach Prag

Vor etwa fünf Jahren waren mein Mann und ich in Prag. Diese Fahrt wurde von der Landwirtschaftsschule organisiert, sie dauerte vier Tage. Wir kamen viel herum, hatten schönes Wetter und es war sehr heiß. Wir machten in der Brauerei Pilsen als erstes Station. Da sahen wir auch in einem Film, wie es früher aussah. Damals wurde noch mit Pferden gefahren. Das war schon beeindruckend. Die Brauerei war auf das modernste ausgestattet. Sie brauchten nur einen Mann, der alles bediente. Wir wurden auch in den Keller geführt, dort waren die Fässer. Dort war es so kühl, dass man eine Jacke brauchte, obwohl es draußen sehr heiß war. Wir wurden dann in einem Hotel untergebracht, das lag etwas abseits und war sehr ruhig. Wir wurden am nächsten Tag mit dem Bus in die Stadt gefahren. Vor der Karlsbrücke stiegen wir aus. Uns erwartete eine Stadtführerin, die uns über die Karlsbrücke über die Havel führte. Wir besichtigten einige Kirchen. Es gab aber außer uns noch andere Führungen. Als wir weiter über die Brücke gingen, verloren wir unsere Führerin, die ein Fähnchen in der Hand hielt aus den Augen. Auf einmal lief unsere Gruppe immer meinem Mann nach, der ja ziemlich groß war. Bis sie merkten, dass wir unsere Führerin verloren hatten. Da lachten sie alle, dass sie einem falschen Führer nachliefen. Mittags gab es fast immer das Essen mit den Böhmischen Knödeln. Diese wurden aufgeschnitten und es gab Gulasch dazu. Diese Knödel schmeckten nicht schlecht, aber für uns ungewohnt. Wir wurden auch in den Stadtkern geführt. Es hat uns einen großen Eindruck hinterlassen. Soviel schöne Gebäude und Straßen. Da wohnten aber fast nur reiche Leute. Man konnte die Stadt in ihrer vollen Größe überblicken. Ich weiß nicht mehr wie viele Quadratkilometer die Stadt groß ist. Am Anfang von der Stadt und am Rande konnte man aber auch arme Menschen und Gebäude sehen. Außerdem machten wir abends eine Schifffahrt auf der Havel, das war sehr schön. Rundherum war alles beleuchtet. Auf dem Schiff war Essen vorbereitet und es wurde auch Musik gespielt. Am nächsten Tag fuhren wir auf ein Gestüt, auf dem Lipizzaner gezüchtet wurden. Man konnte noch an den Füllen sehen, dass sie nicht weiß geboren wurden. Wir sahen auch eine Kutsche mit vier Pferden. Ein bisschen abseits lag ein Hof mit einem Melkstand. Dort arbeiteten Frauen, die melkten und den Stall sauber hielten. Dort gab es einen Schiebeboden, der lief und nahm den Mist mit. Auf diesem Gebiet gibt es in Deutschland auch viele moderne Ställe. Diese werden aber selbst bewirtschaftet. Diese Stadt war für uns ein großes Erlebnis und ich konnte sehen, wo Onkel Hans, mein Stiefvater zu Hause war.

PRAG
Altstadt

Juli 2003

Hauptgestüt Klatrub

hier werden Klatruber
Schimmel gezüchtet

diese Pferde haben eine
gebogene Kopfform

143

v.l. Karl Schwarz, Kurt Höh und Frau Höh

144

Bei Theo Stahl in Langwieden

Bei der Recherche meines im Entstehen begriffenen Buches kam ich mit Theo Stahl ins Gespräch und er lud mich ein, ein paar Bilder von seinen Angehörigen zu zeigen. Er hat sich sehr bemüht und zeigte mir die ganzen Alben von seiner Familie. Er gab mir sogar die Abschrift, von der Ehrentafel von Langwieden, den Soldaten, die im ersten Weltkrieg gefallen sind, und die Mitkämpfer waren. Seine Onkel, die im Krieg von 1939 – 1945 gekämpft haben. Sein Onkel Otto ist bereits 1948 in Gefangenschaft gestorben. Er zeigte mir Schreiben vom Roten Kreuz, wo sie nach seinem Onkel suchten. Sie bekamen erst 2008(!) von Russland Bescheid, dass ihr Onkel gestorben wäre. Er zeigte mir die ganzen Papiere, die alle in Russisch geschrieben waren. Er bekam sie von einem Russen übersetzt. Erst 2008 gaben sie die Papiere frei. Die Eltern von dem verstorbenen Theo Stahl blieben somit bis zu ihrem Tod in Ungewissheit. Er bringt mir noch Bilder von seinem Onkel Julius, der 1942 auf der Krim gefallen ist, sowie von Onkel Emil, der lungenkrank vom Krieg heimkam und dann mehr in Sanatorien als daheim verbracht hatte. Er starb mit 36 Jahren. Sein Onkel Gustav Schuhmacher, mütterlicherseits, ist kurz nach dem Krieg gefallen. Er war in Russland, Frankreich, Auf dem Balkan und in Griechenland. Der zweite Onkel,

Otto Schuhmacher ist mit einem
Lungendurchschuss vom Krieg heimgekommen. Er
hatte Asthma. Er starb mit 54 Jahren an einem
Schlaganfall. Sein Vater Ernst Stahl ist schon früh
(1948) von England heimgekommen. Die Tante
Elsa von Theo Stahl, die bei einem
Christbaumbrand umkam, hatte ihr Leben
eingesetzt, als sie auf dem Weg zum Bus war. Da
sah sie den Feuerschein und ging nochmals zurück
um die Oma und die kleine Enkeltochter aus dem
Feuer zu retten. Sie wollte auch nicht mehr, dass
ihre Eltern sie so sahen bevor sie im Krankenhaus
starb. Ich denke, dass dieser Familie Stahl ein
schreckliches Schicksal zugestoßen ist, wo sie drei
Söhne und die einzige Tochter verloren haben. Ich
persönlich kannte Elsa. Sie fuhr morgens mit dem
gleichen Bus wie ich. Sie war eine lebenslustige,
liebe, verantwortungsvolle Frau. Ihr Vater war
Schossemann. Sie fuhr mit den Kühen das Futter
an der Straße holen, daran kann ich mich, glaube
ich, erinnern.

Frau Alma Keller, der ihr erster Mann auch fiel
(damals Schuhmacher) war auch eine Frau, die auf
sich selbst gestellt war. Sie fuhr auch mit den
Kühen und bestellte ihre Landwirtschaft, bevor sie
Kurt Keller, der mein Pate war, heiratete.

Die Taufe von meinem Bruder

Als die Taufe von meinem Bruder Karl war, wurde
ein Bild vor der Kirche gemacht. Ich weiß noch,
dass ich nicht mit aufs Bild wollte, weil ich Angst
hatte, ich wäre dann tot.

Im Schulhof stand ein großer Lindenbaum.
Wenn im Sommer schönes Wetter war, schickte
unser Lehrer mich mit der großen Rechenmaschine
raus unter den Baum. Die kleinen Klassen wurden
auch rausgeschickt. Dann gab ich ihnen Aufgaben
auf. Das tat ich gerne und die Zeit ging dann schnell
herum.

Langwieden hatte schon immer einen Brunnen für
Wasser, trotzdem wurde beschlossen, dass die
Gemeinde Wasser aus Gerhardsbrunn nehmen
musste. Vor ein paar Jahren wurde der Kanal
gemacht. Anschließend wurde die Straße
(Hauptstraße) und die Eckstraße gemacht. Es
wurde auch der Bürgersteig gepflastert. Jetzt hat
das Dorf ein schönes Bild bekommen.

**Ein Verwandter von mir, Kurt Höh aus
Weselberg** sagte: „Das Langwieden hat sich
gemacht!". Er war vor einiger Zeit zu Besuch und

anschließend ging er noch mit seiner Frau in Kiefers, wo man gut essen kann. Wenn schönes Wetter ist, kann man sich dort auf die Terrasse setzen. Es sind auch große Sonnenschirme da. Dort ist eine ruhige Lage und man hat eine schöne Aussicht über das Tälchen. Heide Kiefer ist eine gute Wirtsfrau und ihre Schwestern helfen, wenn viel Betrieb ist. Es kommen auch viele Auswärtige, Wandergruppen und sonstigen Vereine. Wenn man Familienfeste hat, kann man sich dort vormerken lassen. Ich glaube, dass ihr Terminkalender oft voll ist. Es gibt dort auch ein Raucherstübchen. Wenn es mal an Platz fehlt, kann das auch noch dazu genommen werden. Die Kinder gehen dort auch gerne hin. Es gibt auch gutes Eis und verschiedene Kaffeesorten. Für die Kinder hat sie auch viele Spielsachen.

Früher und heute haben sie schon immer viele Katzen gehabt. Frau Kiefer erzählte einmal, sie hätten eine Katze gehabt, die die Türen aufmachen konnte. Sie stellte dann einen Stuhl mit der Lehne unter die Türklinke. Auf einmal sah sie, wie die Katze durchs Schlüsselloch guckte.

Diese Woche war ich bei Erna Schneider-Lauer,
die Frau von Willi Schneider-Lauer. Wir haben dann
die Bilder von früher angeschaut. Davon hatte sie
eine Menge. Ich nahm einige davon mit, vor allem
welche von früher. Viele von ihnen kannte ich. Ihre
Eltern, Großeltern, ihr Bruder Fritz, der schon früh
gestorben ist und ihre Schwägerin Ilse. Ihr Mann
Willi ist vor 7 Jahren gestorben. Es waren auch
Bilder von Freundinnen dabei, sowie von Nachbarn,
die ich kannte. Ich erfuhr, dass eine Tochter von
Höh, Lina, also von meinen Verwandten in
Langwieden dort vor einigen Generationen hin
geheiratet hat. Sie gab mir sogar ein Bild mit. Von
ihrem Haus und von der Heuernte 1949, das unser
Lehrer Seebode aufgenommen hat.

Erna, Ernache genannt, erzählte mir von ihrem
Bruder Fritz, an dem sie sehr hing. Morgens, wenn
es in die Schule ging, stand er immer so spät auf.
Sie hatte aber immer ihre Not um ihn und ging nicht
eher in die Schule, bis er mitging. Mit den
Schulaufgaben nahm er es auch nicht so genau.
Erna machte auch noch oft seine Aufgaben, weil sie
nicht wollte, dass er ohne Aufgaben in die Schule
ging. Als Ernas Bruder Fritz in die Pfarrstunde ging,
lernte er seine Frau Ilse aus Gerhardsbrunn
kennen. Sie waren seit dieser Zeit immer
beisammen, bis er starb. Seine Tochter Ute war
damals konfirmiert. Sie war die jüngste von drei

Kindern. Lothar war der älteste Sohn, dann kam noch die zweitälteste Tochter, Ihre Landwirtschaft haben sie nach Fritz Schneiders Tod aufgegeben. Willi Schneider-Lauer hatte die Landwirtschaft nach seiner Fußverletzung auch aufgegeben. Er war bis zu seinem Rentenalter in der Uni in Homburg Portje. Willi Lauer ist aus Krehberg. Als seine Mutter starb, war er sieben Jahre alt. Seine Tante aus Langwieden nahm ihn zu sich und adoptierte ihn später zusammen mit ihrem Mann. Willi hatte noch einen Bruder, der ist aber bereits gestorben. Seine Tante und ihr Mann hatten keine eigenen Kinder

Frau Höh von Arms hat in
Schneiders geheiratet

Ludwig Höh
Onkel von Papa
1. Weltkrieg

Landmädels und Papa

in der Batschk. 1936

151

Altennachmittag in Langwieden
Fr. Silichner, Fr. Jung, Fr. Burghard, Oma Kiefer, Ernst Scherer,
Fr. H. Fuhrmann, Fr. Eicher, Fr. Schneider, H. Jenet, Sanche, Fr. Gilcher,
H. Gilcher, Fr. Paulini

L. Erna und Willi, Ilse und Fritz, Fam. Ludwig Schneider, Großeltern

Frau Schneider-Lauer

Haus von Schneider Lauer

Herr Schneider-Lauer

Frau Hoh von Arms

Reinhold S. und
Willi Schneider Lauer

o. u. r.
Ilse und Erna

Langwieden in den Kesselwiesen 1949
Fam. Schneider-Lauer, Heinz Seebode, mitte Else Höh und Horst Gluck

Willi, Karl M., Emil Stahl

Otto, Karl, Fritz, Willi

Fritz Schneider   Auf dem Weg vor Kiefers

Erna Schneider

Erna und Willi

Erna, Willi u. Wolfgang

Willi mit Pferd

Die Christbaumspitze von Kiefers Baum

Vor Weihnachten fuhr Kiefers Dorle in zwei
verschiedene Ortschaften, um eine
Christbaumspitze zu besorgen. Endlich hatte sie
eine bekommen. Damals waren mein Mann und
sein Bruder bei Ludwig, der war im Brennhaus.
Unter dem Schuppen lagen die Kohlen fürs
Brennen. Dort lag auch der Weihnachtsbaum. Dorle
legte die Christbaumspitze auf die Kohlen und
sagte, passt auf, das war die letzte, die ich
bekommen habe. Ludwig hantierte mit dem Baum
herum, auf einmal merkte er, dass die Spitze kaputt
war. Es war nur noch ein kleines Spitzchen übrig.
Das setzten sie auf die Spitze von dem Baum. Als
Dorle kam, um nach dem Baum zu sehen, da
erschrak sie und ihr fehlten die Worte. Sie war sehr
ungehalten bis Ludwig erklärte: „Ei Dorle, wir hätten
sonst ein Loch in die Decke machen müssen, damit
der Baum ins Zimmer passt." Diese Geschichte
erzählt mein Mann immer vor Weihnachten. Wenn
man sich das so bildlich vorstellt, wie Dorle darüber
so böse war und Ludwig noch Witze darüber
machte.

Von Kiefers Enten

Dorle hatte zwei Enten, die waren so zahm, dass sie Dorle überall nachliefen. Als sie einmal mit einer Beerdigung ging, liefen ihr die Enten auch dort nach. Sie musste sich dann ganz ruhig halten, sonst wären sie ihr bis auf den Friedhof nachgelaufen.

Unsere Verwandten von Hütschenhausen

Heute war ich bei Ottmar Braun. Von meiner Oma Katharina, Tante Lina und Onkel Alfred Strauß, habe ich einige Bilder. Von meiner Urgroßmutter von Hütschenhausen, die von dem Schanzerhof stammt, hatte ich noch kein Bild. Sie wurde 1861 als erstes Kind in das neugebaute Haus getragen, in dem ich seit 1966 verheiratet bin und auch wohne. Es ist eine Zeitspanne von 100 Jahren! Ottmar Braun zeigte mir ein Bild von der Ahnentafel seiner Familie, die er selbst gemacht hat. Auf dieser Ahnentafel ist auch das Bild von meiner Urgroßmutter und deren Eltern. Ich hätte nicht erwartet, dass er auf Anhieb das Bild von meiner Urgroßmutter zeigen konnte. Meine Oma, die nach Langwieden heiratete, hieß auch Katharina. Wenn ich in das Haus von Ottmar Braun komme, habe ich immer das Gefühl, da zu Hause zu sein, wo meine Oma geboren ist, an der ich sehr hing. Wir waren dort ja auch oft mit meinem Vater zu Besuch. Von dieser Familie Strauß ist auch ein Sohn gefallen, Ottmar. Die Tochter Irma hatte eine Kriegstrauung. Ihr Mann hieß Klöpfer. Auch er ist gefallen. Später heiratete sie dann Johann Braun, dar aus Imsbach oder Imsheim stammte. Ihr jetziger Sohn heißt auch Ottmar. So hat der Krieg von dieser Familie auch zwei Opfer gefordert. Irma übernahm dann die Landwirtschaft mit ihrem Mann, weil ja kein Sohn mehr da war.

Langwiedener bei Sanierungsarbeiten auf dem Fülleng.

Ludwig Kiefer

Familie Kiefer

Herr Kiefer Vater von Ludwig

Vater v. Dorle

Ilse, Anna und Emche

Dorle H.

Gustav H. Bruder v. D.

Dorle H.

Vater von Dorle

Ludwig Kiefer mit Ochsen

160

Rosa Tante, Emma Tante,
Mann u. Eltern

Ludwig Kiefer mit Inge und Renate

Dorle und Ludwig

Dorle und Ludwig Kiefer

Emmche
und Fritz

Dorle und Ludwig

Kiefers 5 Mädels und Gabi

Heide und Wildrut

Theater Im Schlaraffenland

Alfred Höh, Erna Gilcher,
Ludwig Kiefer, Ilse Laufer,
Emil Heintz, Kurt Mang

Ludwig Kiefer, Alfred Höh,
Gasthaus grüner Baum
Der Professor

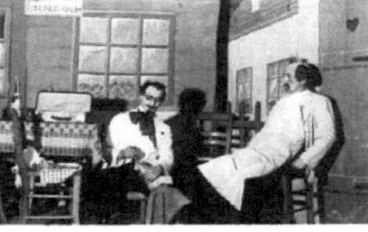

Ludwig Kiefer, Heinz Seebode, Vater von Ludwig

Kurt Mang

Lisa, Erna, Anna, Enna und Isolde M.

Rosa Tante

Karla H. und Erika L.

Tante Anneliese im Alters g.

Ilse und Emmchen

Bei Ilse Beck

Als ich Bei Ilsche war, um ein paar Fotos
anzusehen, hatte sie davon eine ganze Menge. Von
ihrem Vater, Friedrich Laufer, der Schmied war, und
früher die Schmiede gegenüber von ihrem Haus
hatte, sowie von Herrn Scherer, Günthers Vater und
Herrn Schneider Ludwig, der Vater von Erna
Schneider-Lauer und Fritz Schneider. Von ihren
Geschwistern Kurt Laufer und Anneliese Schmitt.
Von den Nachbarn Kiefers hatte sie auch Bilder, wo
sie mit Kiefers Emmche, Ludwigs Schwester
abgebildet war. Sie zeigte Bilder von der
Kinderfasenacht, wo sie vor Kiefers aufgenommen
wurden. Es waren auch einige Bilder von der
Kerwe, wie sie damals gefeiert wurde uBei Ilsnd der
Hammel rausgetanzt wurde. Einige Langwiedener
kannte ich noch. Das war so um 1948/49 wo die
Bilder aufgenommen wurden.

Als ich aus der Schule kam und bei Frau Hoffmann anfing

Mit 14 Jahren kam ich aus der Schule. In
Kaiserslautern nahm ich eine Lehrstelle an als
Näherin. Mein Konfirmantenkleid (den Stoff und das
Kreuzchen bekam ich von Oma Luise. Zu ihr durften
wir ja nicht Oma sagen, sondern Tante Luise)

wurde bei Frau Hoffmann genäht und so bekam ich auch die Lehrstelle. Sie hatte noch zwei weitere Lehrlinge. Ich musste eine Schere und ein Metermaß mitbringen. Meine Arbeit bestand darin, an Kleidern den Saum dran zu nähen. Ich wurde oft zum Einkaufen geschickt. Wenn ihr was nicht passte, so musste ich es selbst behalten. Ihren schwarzen Pudel musste ich auch mitnehmen. Ich ging in Kaiserslautern in die Berufsschule. Morgens, bevor ich zur Arbeit ging, trank ich noch bei Mamme Kaffee. Heidi wohnte da, sie lernte bei Edelstolz Verkäuferin. Samstags musste ich auch arbeiten, da musste ich die Regale und Stoffe aufräumen. Sie behielt mich immer bis auf die letzte Minute und ich musste dann vom Pfaffplatz bis zum Bahnhof rennen, damit ich nicht den Zug verpasste. Im Sommer war es da immer drückend heiß. Sie gab mir ihren Bikini, an dem ich eine Naht auftrennen musste. Da ich die falsche Naht auftrennte, schlug sie mir ins Gesicht. Ich heulte fürchterlich. Mittags ging ich immer bei Babbe und Mamme essen. Als ich erzählte was war, sagte er, die braucht einen Mann. Als ich einmal Berufsschule hatte, war ich mit einer Schülerin in der Kaufhalle. Ich holte mir einen Lippenstift und Nagellack. Babbe hat das gesehen. Also hat er mir aufgepasst. Als ich hinkam, nahm er meine Schultasche und schickte mich eine Illustrierte holen. Als ich zurück kam, fragte er, was da drin wäre. Ich sagte nichts. Da bekam ich von ihm eine Ohrfeige. Sie nahmen mir die Sachen weg. Später, als Babbe nicht mehr lebte, gab mir Mamme die Sachen zurück. Nach einem halben Jahr wurde der Lehrvertrag gelöst. Die Lehrerin wollte mir eine neue Stelle besorgen, weil Frau Hoffmann bekannt war, dass sie die Lehrmädchen schlecht behandelte. Vor mir hat sie sogar mal die Mutter eines Lehrmädchens die Treppe hinunter geworfen. In der Woche bekam ich sieben DM. Das reichte gerade für die Bus- und Bahnfahrt. Jedenfalls wurde Frau Hoffmann aus der Schneiderinnung ausgeschlossen und durfte keine Lehrmädchen mehr nehmen.

Als ich in der Rosenthal arbeitete

Ich wollte endlich ein bisschen Geld verdienen, denn ich hatte gerade mal zwei Röcke zum wechseln und sonst nicht viel zum Anziehen. Also fing ich in der Rosenthal an zu arbeiten. Da musste ich glasiertes Geschirr auf dem Fließband nach Fehler untersuchen. Durch die Lampe und den Staub bekam ich Bindehautentzündung, aber sonst gefiel es mir gut. In der Pause waren Kolleginnen, die konnten sehr schön singen. Das Lied vom Hirtenknabe gefiel mir sehr gut:

Oben stehet die Kapelle, schauet still ins Tal hinab

unten singt bei Wies und Quelle froh und hell der Hirtenknab.

Traulich tönt das Glöcklein nieder, schauerlich der Leichenchor.

Verklungen sind die frohen Lieder und der Hirtenknabe schaut empor.

Oben trägt man sie zu Grabe, die sich freuten in dem Tal.

Hirtenknabe, Hirtenknabe, Dir auch singt man dort einmal.

Als ich in Krefeld bei Familie Schwarzfeld arbeitete

Familie Schwarzfeld hatte den Hof gegenüber von Ilse Beck gekauft. Herr Schwarzfeld war Generalvertreter von der Firma Fotofix, die auch Automaten aufgestellt hatten.

Nach einem halben Jahr kam Frau Schwarzfeld zu uns nach Hause. Sie hatte durch unseren Lehrer ein Mädchen für ihren Haushalt gesucht. Sie machte schöne Worte bei Mutti und so kam ich nach Krefeld. Für mich war es eine große Umstellung, so weit von zu Hause weg. Ich kannte da auch niemanden, außer der Familie. So musste ich im Haushalt alles machen, was so anfiel. Betten machen, saugen, Badezimmer putzen, waschen von Hand und bügeln, Geschirr spülen, Küche und Balkon putzen, Hundezwinger ausspritzen. Die Gitter vom Balkon schrubben und von dem Tor. Den Hof spritzen und Büroräume und Klo putzen. Ich kann gar nicht glauben, dass ich da zwei Jahre war. Oft konnte ich nicht nach Hause fahren. Im Monat bekam ich 2oo DM. Dass davon nicht viel übrig blieb, sorgte schon Frau Schwarzfeld. Sie ging mit mir in die Geschäfte und kaufte Sachen für mich. Da blieb nicht viel übrig für nach Hause zu fahren. Ich glaube, ich war in den zwei Jahren gerade mal drei oder viermal zu Hause. Einmal, als ich wieder fort musste, war ich so unglücklich, als ich im Zug war und kam mir so verlassen vor.

Da waren Leute, die schrieben meiner Mutter, wie es mir da ginge und ich würde wegen jeder Kleinigkeit angeschrien. Andere schrieben, sie würde nur aus Dosen kochen und ich würde da nichts lernen. Als Mutti die Briefe bekam, zeigte sie sie Herrn Schwarzfeld. Der brachte sie mit. Frau Schwarzfeld ging mit mir und den Briefen zur Polizei. Ich weiß noch, wie ich da so verloren dastand. Wer die Briefe geschrieben hat, bekam sie nur zum Teil heraus. Ich aber blieb weiter da. Onkel Hans, Muttis zweiter Mann, hat dadurch Arbeit bei den Foto-fix-Automaten bekommen, die musste er betreuen. mir vorheriger Frau fahren, ich. Nach einiger Zeit hieß es, Onkel Hans hätte in die Kasse gegriffen und wurde entlassen. Auf einmal konnte ich wieder heim kommen. Als ich da wegfuhr. sagte Frau Schwarzfeld:"Ich wünsche Dir verdammt alles Gute!" Ich hatte noch ein Rad, das ich an der Bahn aufgab. Barbara, die kleinste Tochter half mir noch die Tasche rauszutragen. Später sagte Herr Schwarzfeld, seine Frau hätte die ganze Nacht geheult und er wolle in Langwieden nichts Nachteiliges hören. Meine Mutter wollte mich mal besuchen, da sagte er:"Die kommt mir nicht ins Haus!" Die Arbeit hat mir nichts ausgemacht, aber das ausgeliefert sein und das Heimweh waren sehr schlimm für mich.

Zu Hause angekommen ergab sich für mich schon wieder eine neue Arbeitsstelle.

Als ich auf den Rohrhof kam

Mutti' s Stiefbruder aus Mannheim (Rohrhof) brauchte ein Kindermädchen für die kleine Birgit. Diese Stelle hat Mutti auch vermittelt.

Tante Else, die die Kleine versorgte wurde krank und starb. So kam ich auf den Rohrhof. Ich spielte Kindermädchen, kochte und wusch. Das hat mir schon gefallen, aber ich war in keiner Krankenkasse versichert. Als ich mal zum Zahnarzt musste, hatte ich keinen Krankenschein. Der Zahnarzt sagte, er würde dadurch auch nicht viel ärmer. Heike, Dieter' s Frau wurde wieder schwanger. Auf einmal kam sie ganz aufgelöst zu mir, gab mir Birgit in den Arm und sagte:" Ich solle gut für die Kleine sorgen. Kurz darauf kam Dieter und merkte, dass sie Schlaftabletten genommen habe. Sie hatten Streit wegen Heike' s unehelicher Tochter, die fünf Jahre alt war. Sie hieß Sabine und wohnte bei Heike' s Eltern in Frankfurt. Dieter ging schnell zum Arzt, holte ein Gegenmittel und rief Heike' s Freundin an. Die kam dann, sie brachten Heike zum brechen, gaben ihr Bohnenkaffee und liefen mit ihr hin und her. Sie hat überlebt. aber ihr Sohn kam behindert zur Welt. Als Mutti davon hörte, sagte sie, dass sie so Zahnschmerzen hätte und mich bräuchte.

Meine Zeit als
Kindermädchen
auf dem Rohrhof
1963-64

Traudel, Johanna und ich
Kerwe 1964

Als Lernschwester 1965

Als ich bei der Elte arbeitete

Von da an fing ich in der Elte in Landstuhl an zu arbeiten. Da wurden Anker gewickelt. Nach einem Jahr hörte ich da auf, die Arbeit war mir zu eintönig.

Ich wollte Krankenschwester werden. Dafür brauchte ich Zeugnisse, dass ich im Haushalt gearbeitet habe. Heike, Dieter' s Frau schrieb mir ein gutes Zeugnis. So konnte ich als Lernschwester in Kaiserslautern anfangen. Die Zeit, als ich in der Elte arbeitete, war eine schöne Zeit. Ich lernt Luise beim Busfahren kennen. Wir spielten beide bei Bender in der Musikkapelle. Ich Akkordeon und Luise später Gitarre. Wenn wir Probe hatten, schlief ich bei Luise auf der Atzel. Luise' s Mutter hat mich da immer bemuttert. Wir spielten einmal im alten Krankenhaus in Landstuhl. Da war ich immer sehr aufgeregt, aber es war eine schöne Zeit. Luise, ihre Geschwister und ihre Eltern kamen aus Schlesien. Sie waren Flüchtlinge, wurden aber erst spät ausgesiedelt. Zuerst wohnten sie in Gerhardsbrunn, dann zogen sie auf die Atzel.

Als ich das Tanzbällchen machte

Zwischenzeitlich machte ich auf das Tanzbällchen mit Fritz Hellendahl aus Landstuhl. Beim Bällchen fuhren Rudi und Ilse mit, Luise habe ich auch eingeladen. Beim Tanzen ging mir mein Schuh kaputt. Luise half mir aus mit ihren Schuhen, die mir zum Glück passten.

Im Sommer besuchte mich Luise manchmal sonntags. Da musizierten wir beide zusammen. Diese Zeit, glaube ich, habe ich gebraucht um nachzuholen, was ich die letzten zwei Jahre versäumt habe.

Als ich Lernschwester wurde

Die Zeit als Lernschwester war eine schöne Zeit. Am ersten April 1965 fing ich in Kaiserslautern als Lernschwester an. In Neustadt auf der Hülsburg wurde ich eingekleidet. Zwei graue Kleider und zwei weiße Schürzen. Zwei weiße Hauben. In die Kleider mussten wir unseren Namen schreiben. Jede Woche konnten wir die Wäsche abgeben in der Wäscherei und bekamen wieder saubere Wäsche zurück. Ich fing in dem Kimmelbau an. Schwester Marliese war da Stationsschwester. Sie war auch aus der Landwirtschaft und wir verstanden uns sehr gut! Da war noch Schwester Hildegard und Frau

Kelm. In der Küche war auch noch eine Frau, die spülte das Geschirr. Morgens wurden die Betten gemacht, Fieber gemessen und Tabletten ausgeteilt. Dann gingen wir alle frühstücken. Da gab es immer frische Brötchen, Marmelade, Käse, Eier. Das war immer sehr schön. Wenn ich frei hatte, musste ich mich im Buch abmelden. Im Krankenhaus gab es auch Mittagessen. Außerdem bekamen wir jeden Monat ein Pfund Bohnenkaffee. Von 13.00 – 14.30 Uhr hatten wir Pause. Danach hatten wir bis 20.00 Uhr Dienst. Wir verstanden uns alle sehr gut. Der Stationsarzt war auch sehr nett. Ich durfte auch Spritzen geben. Es waren auch sehr alte Frauen da, die waren im Sterbezimmer. Schwester Marliese scheute sich nicht, den größten Dreck wegzumachen. Sie konnte anpacken! Ich habe sie sehr bewundert. Wir waren immer zu zweit Betten machen, da konnte man besser das Laken wechseln. Im letzten Zimmer hinten links lag Frau Börris. An sie kann ich mich noch gut erinnern. Sie hatte Lympfdrüsenkrebs. Wenn wir da hinein gingen, kostete es uns alle Überwindung. Sie hatte einen ganz dicken Arm, innen war die Haut aufgebrochen, das wurde dann verbunden. Sie jammerte immer und hatte Schmerzen.

Musikkapelle von Herr Bender, Landstuhl 1965

Mein Bruder Volker

mein jüngster Brüder Jürgen

Dieter und Karola
meine Geschwister

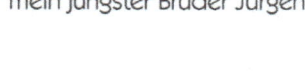

Karola

Dann ihre Augen, dieser angstvolle Blick vergesse ich nie. Sie bekam auch Morphium. Zwischendurch wurden die Pfannen geleert, manchmal mussten wir auch den Urin auffangen und messen. Einmal war ich bei einer Lungenpunktion dabei. Die Patientin hielt sich an einem fest. Dann wurde mit einer großen Nadel zwischen den Rippen eingestochen und das Wasser herausgezogen. Manchmal waren es einige Liter. Wenn die Galle untersucht wurde, mussten die Patienten den Schlauch schlucken. Das war nicht so sehr angenehm. Da musste man viel vorbereiten. An Frau Diel kann ich mich auch noch gut erinnern. Sie lag auch allein in ihrem Zimmer. Sie hatte am Bein Thrombose. Ihre Tochter kam jeden Tag sie zu besuchen und machte auch ihre Aufgaben da. Sie war auch auf einer höheren Schule. Frau Diehl war auch eine Bäuerin. Einmal konnte der Arzt sie wieder zurückholen, aber das nächste Mal schaffte er es nicht. Ich war dabei, als sie starb. Für mich hinterließ es eine bleibende Erfahrung. Der Tod, er ist unwiederbringlich. Da war auch noch Oma Fickert, die hatte keine Angehörigen mehr. Wir waren alle für sie eine Familie. Sie hatte an jeder Hand sechs Finger. Wir hatten sie alle gern. Wir führten sie auf dem Flur spazieren und erzählten mit ihr. Wir hatten eine Patientin, die sollte abnehmen. Einmal stand sie in der Tür von der Küche und nahm uns die Marmelade vom Tablett! Sie war nicht lange da. Als die Sanitäter sie holten und die Treppe runter trugen, hat sie was aufgeführt. Da musste man sich schämen. Ihren Mann hat sie immer fortgeschickt zum essen holen. Einmal wurden die Krankenzimmer gestrichen. Schwester Marliese und ich schrubbten den Boden und wuschen ihr auf. Wir machten frisches Papier in die Schränke, da half noch eine Schwesternhelferin, die machte mittags schlapp und musste aufhören. Da konnte man sehen, wer was gewohnt war. Ich war etwa ein halbes Jahr im Kimmelbau. Als Mutti mit der Geburt von Jürgen ins Krankenhaus kam, war ich so lange zu Hause und versorgte die Familie. Karola war erst sieben Jahre alt, Dieter vier. Das war für mich schwierig, weil es länger dauerte und ich nicht in den Unterricht gehen konnte. Als ich wieder zurück kam, machte ich im Kimmelbau im ersten Stock Nachtwache auf der Kinderstation. Da war ich vier Wochen. Das war kurz vor Weihnachten. Die Kinder hatten ansteckende Krankheiten. So musste ich in jedem Zimmer einen anderen Kittel anziehen und die Hände waschen, wenn ich aus dem Zimmer kam. Morgens musste ich schon früh anfangen, denn die Kinder wurden gewaschen und bekamen frische Wäsche angezogen. Manche mussten noch gewickelt werden. Außerdem wurde noch das Fieber und der Puls gemessen. Einmal hatte ein Kind über 40° Fieber. Da musste ich Hilfe auf einer anderen Station holen. Als die Schwester kam und die Wickel keinen Wert hatten, gab sie dem Kind eine Spritze. Ich musste mich beeilen, dass ich morgens mit den Kindern fertig wurde, bis die anderen Tagesschwestern kamen. Als die vier Wochen um waren, kam ich auf eine andere Station. Das waren noch die alten Holzgebäude und waren ebenerdig. Von den Schwestern der Kinderabteilung bekam ich ein Lob ausgesprochen. Sie sagten, bei mir wären die Kinder gut aufgehoben gewesen. Die vorige Schwester hätte geraucht. Es war kurz vor Weihnachten. Die Schwestern hatten mir für die Nachtwache einen Kassettenrekorder gegeben. Da konnte ich auch das Lied vom einsamen Glöckchen hören. Unsere Ausbildungsschwester hat das Lied im Schwesternheim gesungen. Sie stand oben auf der Treppe und wir hörten ihr zu. Ihre Stimme war so schön hell und klar, viel schöner konnte es auch eine Opernsängerin nicht. Wir waren auch im Schwesternchor, am heiligen Abend sangen wir in der Halle im Krankenhaus für die Patienten. Wir sangen: "Bethlehem, hörst den Heiland du, lass den Heiland ein, lass den Heiland ein. Will bei dir geborgen sein, zart und lieb den Kindelein usw.!" Das Lied wurde aufgenommen, es hörte sich gut an. Mein Zimmer teilte ich mit Christiane Funke.. In dem Holzgebäude war ich nur kurz. Da stand ein Weihnachtsbaum. Eine Patientin habe ich noch gut im Gedächtnis. Sie lag ganz links, sie wollte sich umbringen. Ihr Kind war, glaube ich, gestorben und sie hatte Verbrennungen. Da lagen noch mehr mit ähnlichen Schicksalen. Deswegen kamen sie in die niedrigen Gebäude, so konnten sie nicht aus dem Fenster springen. Danach kam ich in den E-Bau. Dort waren nur Männer. Die meisten hatten Krebs. Da lernte ich auch Anneliese kennen. Was für ein Zufall, wo sie sich doch Kesselring schrieb. Wir zwei verstanden uns gleich sehr gut. Wir lachten viel miteinander. Die Arbeit machte uns beiden viel Spaß. Die Stationsschwester war aus Mackenbach. Abends wenn wir fertig waren, sagte sie immer, was macht ihr noch hier, geht doch ham.

Als ich Robert kennen lernte

 Zu der Zeit war ich schon verlobt. Als ich anfing kannte ich noch Robert. Den lernte ich durch Volker kennen. Sie waren beide bei der Bundeswehr. Volker hatte ihm erzählt, er hätte noch eine Schwester, die wäre nicht so schön. Robert kam mit seinem Charmanchir. Er fuhr mal mit mir nach Landstuhl, aber ich habe mich bei ihm nicht wohlgefühlt. Er kam noch öfter, er sah auch gut aus, aber irgendwie klappte es nicht mit uns.

Als mein Bruder Karl bei der Bundeswehr krank wurde

Er war im Manöver, als seine Freundin ihm schrieb, sie hätte einen Anderen. Das war für meinen Bruder ein solcher Schock, dass er nicht mehr antrat. Er musste dann in ärztliche Behandlung und wurde bei der Bundeswehr entlassen. Seinen Beruf als Schreiner konnte er auch nicht mehr ausüben. Für mich war es auch ein Schock, als meine Mutter mir mitteilte, dass Karl nicht mehr gesund würde. Der Arzt hatte zu meiner Mutter gesagt, es wäre dasselbe wie bei meinem Vater, der ja auch krank war, als er aus norwegischer Gefangenschaft heimkehrte. Bis dahin wusste ich noch nicht einmal, dass mein Vater krank war und beschloss mich um ihn zu kümmern. Mutti hatte zwar immer gesagt, dass mein Vater verändert heimgekommen wäre. Er hätte mich auch nicht beachtet.. Karl kam 1949 auf die Welt. Als er in der Schule war, musste er einmal in Erholung, weil er mit den Augen so stark blinzelte. Er war auch der jüngste und bekam noch viel von dem Streit meiner Eltern und der Scheidung mit. Also war er nicht so stabil. Der Arzt bei der Bundeswehr hat ihn jedoch als tauglich eingestuft.

Für meinen Vater sorgte ich dann, dass er untersucht wurde und er wollte aus eigenem Willen auf die Schernau. Da wurde er versorgt und aufgenommen. Er hatte da auch seine Ordnung. Für meinen Bruder Karl hatte ich mich eingesetzt, dass er ein Wohnrecht im Haus bekommt. Er sollte in ein Heim kommen, das wollte er aber nicht. Er bekam dann ein Wohnrecht auf 20 Jahre. Danach sollte er 50 DM zahlen für sein Zimmer. In Ludwigshafen bekam er einen Platz für betreutes Wohnen. In Mannheim auf dem Markt arbeitete er am Tag ein paar Stunden. Diese Stelle hat er heute noch, sowie sein Zimmer für betreutes Wohnen. Inzwischen ist er verheiratet und hat eine Tochter von 10 Jahren. Anfangs, als er in betreutes Wohnen kam, war er übers Wochenende daheim. Montags fuhr er wieder nach Ludwigshafen. Er ist inzwischen auch schon 60 Jahre alt. Vom Bund bekam er eine Abfindung, sowie eine monatliche Rente. Für ihn und seine Familie ist also gut gesorgt. Die Betreuerin, die für seine Geldangelegenheiten zuständig ist, betreut ihn nun schon über 30 Jahre. In Ludwigshafen hat er auch noch eine Betreuerin, die alle paar Wochen für Fragen von ihm zuständig ist. Er kommt aber gut zurecht und ist sehr selbständig. Von Zeit zu Zeit besucht er uns mit seiner Familie. Er ist aber in ärztlicher Behandlung und bekommt alle 4 Wochen eine Nervenspritze, so ist er auch stabil.

Ich muss oft an meinen Vater denken, dem es ja auch nicht so gut ging. So denke ich, wenn er damals in ärztliche Behandlung gekommen wäre, hätte man seine Krankheit stoppen können. Er hat aber trotzdem noch einige Zeit in geordneten Verhältnissen leben können, darüber bin ich froh.

Karl und Jessica 2000

Karl und Jessica 2006

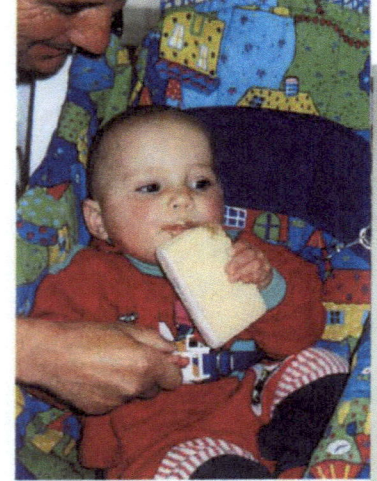

Jessica 1,5 Jahre alt

Karl und Jessica 2001

184

Karl, Jessica und Doris 2000

Karl, Gisela, Birgit 2006

Hochzeit von meinem Bruder Karl 2006
v. l. Jessica Höh, Tochter, Oma Igel, Schwester Gisela
vorne Doris u. Karl h. l. Birgit Schwarz Schwiegertochter

Der Lichtbildervortrag in der Schule und das Kino in Kiefer' s

In der Schule wurde einmal ein Lichtbildervortrag gehalten. Die Fenster wurden alle mit Decken verdunkelt. Bei der Vorführung sah man, wie Wagenräder und Fässer gemacht wurden. Da war damals ein Stummfilm, aber trotzdem interessant.

In Kiefer' s kleinem Sälchen wurde einige Male ein Film gezeigt. Der handelte von Pünktchen und Anton. Er war sehr schön. Er handelte von einem armen Jungen, dem wollte Pünktchen helfen. Sie schnitt ihre Strümpfe kaputt und verkaufte nachts Streichhölzer, bis sie erwischt wurde. Der Film ging aber gut aus. Damals gab es noch kein Fernsehen. Das war für uns etwas Besonderes. Als wieder einmal ein Film gezeigt wurde, durfte ich nicht hin. Damals habe ich mich so verheult, dass ich nicht so schnell mehr aufhören konnte.

Wir bekamen schon früh ein Fernsehgerät. Da gab es aber nur zwei Programme, das erste und das zweite Programm. Lauer' s Renate kam immer zu Karola das Sandmännchen gucken. Inzwischen sind beide schon über 50 Jahre alt, wie die Zeit vergeht.

Ich erinnere mich noch, dass wir einmal in Landstuhl im Kino waren. Da wurde der Märchenfilm Schneeweißchen und Rosenrot gespielt. Ein andermal war in Landstuhl ein Fest, da fuhr eine kleine Bahn durch die Stadt. Wir konnten mitfahren. Aber so genau kann ich mich nicht mehr erinnern.

Ich musste als das „Kerche Blädche" austragen. Wenn ich zur Familie Mang musste, hatte ich immer ein ungutes Gefühl. Sie waren immer anständig zu mir, aber ich hatte Schuldgefühle, weil ihr Sohn durch meinen Vater umkam. So ging ich immer missmutig dorthin.

So gab es noch viele Schicksale in Langwieden. Onkel Ludwig hatte nur einen Sohn, der ist im Krieg in Russland gefallen. Bei Familie Stahl (Schosseemanns) sind sogar zwei Söhne gefallen. Julius fiel in Preußen und Otto an der Krim. Ein weiterer Sohn kam krank zurück und ist an den Folgen sehr früh gestorben. Sie hatten noch eine Tochter, die fuhr noch mit den Kühen Futter holen. Weil ihr Vater Schosseemann war, durften sie an der Straße das Gras holen. Sie war die Stütze ihrer

Eltern, war aber nicht verheiratet. Sie arbeitete später in Landstuhl im Haushalt in einer Apotheke.

An Weihnachten, als die Besitzer in Urlaub waren, fing der Weihnachtsbaum an zu brennen. Am Baum waren elektrische Kerzen. Das Kind von den Arbeitgebern war auch da. Elsa holte Wasser und schüttete es über den brennenden Baum, dabei explodierten die Kerzen. Elsa hatte so schlimme Verletzungen im Gesicht, dass sie nicht wollte, dass ihre Eltern sie so sahen. Sie starb dann an ihren Verletzungen. So sind in dieser Familie drei Söhne und eine Tochter ums Leben gekommen.

Ein Sohn blieb noch übrig. Ernst Stahl. Er heiratete Ella Schuhmacher, die damals eine Gastwirtschaft hatten. Er war Metzger. Als beide 1951 heirateten, war ich Brautmädchen. Davon habe ich noch ein schönes Bild. Ella war auch lange krank und starb früh. So war ihr Mann früh Witwer. Ella hatte noch zwei Brüder. Otto machte noch ein bisschen die Landwirtschaft. Gustav fiel im Krieg.

Gegenüber war Otto´s Wohnhaus und ein Stall. Da wohnte Frau Erna Schneider. Sie hatte einen

Sohn, Dietmar. Ihr Mann ist auch im Krieg gefallen. Ellas Bruder Otto wohnte auch in diesem Haus. Er war ebenfalls bei den Soldaten und ist nach langer Krankheit gestorben. Otto hat mir einmal das Leben gerettet, als unser Gansert mich biss und über mich herfiel.

Ida Erhardt,
Frau Fuhrmann,
Katharina Stahl
und Enkel

Erna Gilcher, Enkel von Frau
Stahl und Frau Fuhrmann

Elsa Stahl,
Sohn von Ernst Stahl,
Theo

Elsa Stahl und
Söhne von Ernst Stahl

Katharina Stahl

Julius Stahl

Elsa Stahl

Ernst Stahl

Julius (gefallen)

Otto

Emil Stahl (36J. gst.)

Emil Stahl

Julius Stahl

Otto Stahl

191

Hochzeit von Familie Ernst Stahl 1951
Alma, Otto, Hertha, Emil, Ilse, Edgar, Julius, Katharina, Jakob, Dietmar, Eltern von Ella

Hertha h, Emil St., Ella und Ernst Stahl, Edgar Heinz und Frau,
vorne Gisela Höh

Ernst, Theo und Ella Stahl

Ella und Ernst Stahl

Ella Stahl

Ernst Stahl

Ernst Stahl und Söhne

Familie Stahl um 1930-40

Ella mit Kindern

Ernst mit Kindern

Katharina Stahl mit Enkel und Hund

Otto Schuhmacher
Bruder von Ella Stahl

Das nächste Haus im Unterdorf waren Kellers.
Der Vater von Kurt Keller sprach immer so schnell,
sie nannten ihn das „Dabbersche". An seine Frau
kann ich mich noch erinnern. Sie saß als in einem
Korbsessel vor dem Haus. Sie konnte nichts mehr
machen und war sehr unruhig. Ihre Tochter Selma
führte den Haushalt und half ihrem Bruder Kurt in
der Landwirtschaft. Ihre Schwester Hertha heiratete
den Lehrer Seebode. Wenn Heuernte war, hatte
Selma immer eine weiße Haube auf. Sie war nicht
verheiratet. Sie war eine selbständige und tüchtige
Frau. Außerdem machte sie noch die Abrechnung
vom Milchgeld.

Ihr Bruder Kurt heiratete Alma Schuhmacher.
Sie war schon einmal verheiratet. Sie bekamen
zwei Kinder, Alma und Erich. Als beide gestorben
waren, verkaufte die Tochter das Haus. Almas
geschiedener Mann kam aus Österreich und ist
auch gefallen. Selma war schon einige Zeit vorher
zu ihrer Schwester Hertha nach Hauptstuhl
gezogen, als das Haus verkauft wurde. Sie starb in
Hauptstuhl, ist aber in Langwieden begraben.

Im letzten Haus Richtung Gerhardsbrunn wohnte Familie Silchner Sie hatten nur zwei Zimmer und waren die Eltern, zwei Töchter und zwei Söhne. In der Küche standen auch zwei Betten. Hedwig und Hildegard hatten auch ihre Aufgabe im Haus zu helfen. Ihre Mutter Emma arbeitete noch bei den Bauern. Die Brüder Günther und Hans hatten eine Krankheit, die die Muskeln angriff. Das hatte etwas mit den Blutgruppen der Eltern zu tun, die passten nicht zusammen. Als beide in die Schule gingen, kamen sie ja bei uns vorbei. Damals fing die Krankheit schon an. Sie hatten ein Hohlkreuz. Je älter sie wurden, umso schlimmer wurde es bei ihnen. Günther, der ältere starb zuerst. Er war nur ungefähr 15 Jahre alt geworden. Sein Bruder wusste auch, was auf ihn zukam. Die Krankheit verlief so, dass sie mit der Zeit ganz krumm wurden und dann starben. Diese Krankheit bekamen nur Söhne, die Töchter nicht. Hedwigs Tochter bekam auch einen Sohn, der bekam auch diese Krankheit. Er ist vor drei Jahren gestorben. Hildegard, die Schwester von Hedwig bekam Zwillinge (Söhne), die waren aber gesund. Leider verunglückte einer vor etlichen Jahren tödlich.

Frau Silchner wusch manchmal im Bach ihre Wäsche neben dem Brunnen. Später zogen sie zu Hedwig. Sie heiratete Ferdinand, Kiefers Knecht und bekamen von Kiefers einen Bauplatz auf der Hofstadt. Der Vater, Emeran fuhr die Buben als mit dem Wägelchen herum. Er arbeitete an der Straße und hatte viel mit Teer zu tun. Er starb auch sehr früh.

Familie Jenet

Da war die Familie Jenet, die hatten zwei Töchter. Die Älteste war bei der Geburt am Kopf gedrückt worden. Sie war aber in der Lage einen Beruf zu erlernen. Sie hat auch den Führerschein gemacht und fährt Auto. Als ihre Eltern gestorben sind, haben sie das Haus verkauft. Die älteste Tochter wohnt jetzt in der Stadt in einer eigenen Wohnung und ihre Schwester ist in Bann verheiratet.

Das Haus von Schneider (Hansfels)

Das dritte Haus neben der Kirche (ehemals Schneider Hansfels) war das Elternhaus von Elisabeth Schneider. Sie heiratete Emil Heintz, das letzte Haus links in Richtung Landstuhl. Sie hatten auch einen Bauernhof, sowie ein Brennhaus. Frau

Heintz bekam eine Krankheit von den Kühen (Bang). Sie musste damals nach Heidelberg fahren, wo sie untersucht wurde. Die Krankheit befiel das Gehör. Sie wurde taub. Ich weiß noch, wenn sie auf der Straße lief und der Bus kam dann reagierte sie nicht. Ihr Mann musste ihr alles aufschreiben, damit sie etwas verstand. Familie Heintz hatte eine Magd, die hieß Sannche. Sie war ihr Leben lang bei ihnen und half auch die Kinder großzuziehen. Sie hatten fünf Kinder, drei Mädchen und zwei Buben. Emil Heintz, der Mann von Elisabeth, war auch krank. Er hatte im Krieg Malaria bekommen. (Emils Mutter war aus Rosenkopf. Sie war eine Schwester von Kiefers Mathilde.) Früher, als er noch gesund war, hat er auch mit den Langwiedenern Theater gespielt. Er half auch die Bühne zu bemalen (das Bühnenbild zu entwerfen), sowie Lehrer Seebode, der auch die Regie führte.

Emil Heintz war ein Freund von meinem Vater und leidenschaftlicher Theaterspieler, wie auch mein Vater. Mein Vater soll sehr gescheit gewesen sein (sehr musikalisch). Er spielte Geige und Trompete. Er war auch Feuerwehrkommandant, Ludwig Kiefer war seine Vertretung.

Paula Jenet, Annemarie Jenet, Ludwig Kiefer, H. Hoffmann

Paula und Mann

Familie Jenet

Kiefer Ludwig, Jenet Gottlieb, Willi Schneider-Lauer

Die Langwiedener hatten eine Wanderbühne. Sie spielten auch in anderen Ortschaften. Die Spieler, die mir bekannt waren, sind Emil Heintz, mein Vater, Ilse Beck, Erna Fuhrmann, Ludwig Kiefer, Kurt Mang, Otto Gilcher, Willi Lauer, Ella Stahl und Elsa Stahl.

Familie Kiefer hatte schon damals eine Wirtschaft, die wurde von Ludwig und seiner Mutter Mathilde geführt. Sie hatten auch ein Brennhaus. Ludwigs Schwester Emmche heiratete auf die Erlenmühle. Ihr Mann starb früh. Sie hatten drei Kinder: Trude, Fritz und Gerd.

In Kiefers wohnten noch zwei Tanten. Die Emma und die Rosatante. Ludwig heiratete Dorle aus Obersimten. Sie bekamen 5 Töchter. Als Ludwig krank wurde, übernahm Heide die Wirtschaft. Ludwig Kiefer war im Krieg bei der Kavallerie in Ungarn. Ihm ging es gut und er ist als erster vom Krieg heimgekehrt.

Otto von der Wirtschaft Schuhmacher / Werner Neu

Otto war auch im Krieg. Er hatte einen Lungendurchschuss. Sowie Werner Neu, der Sohn von Hugo Neu. Werner verlor ein Auge und kam mit einem Glasauge zurück. Er war, soviel ich weiß in Frankreich.

Früher hatten Kiefers die Post. Die wurde von einer Tante besorgt, und sie hatte die Post genau fünfzig Jahre geführt.

Gegenüber von Kiefers wohnte Rudi Beck. Er war Spätheimkehrer und kam aus dem Sudetenland, der heutigen Tschechei.

Gegenüber der Schule (jetzt Gemeinschaftshaus) wohnte Monika Heintz und ihre Tochter Karla mit ihrem Mann Walter Blinn. Karlas Vater ist auch im Krieg gefallen und sie ist ohne Vater aufgewachsen.

Langwieden besitzt eine schöne Kirche. Der Turm ist schon sehr alt. Er stammt noch aus der Römerzeit. Auf einer Seite ist eine Figur eingemauert. Es waren schon viele Schulen da, um den Turm zu besichtigen. Um die Kirche herum befand sich der Friedhof, der besteht aber nicht mehr. In der Kirche hingen hinter dem Altar Kränze, die waren für die Gefallenen. Innen ist es sehr einfach, aber die Fenster haben bunte Scheiben. Die Kirche besitzt ein Harmonium; inzwischen ist auch eine Uhr am Turm angebracht und die Mauer ist auch schön restauriert. Man kann ruhig sagen dass unsere Kirche ein Kleinod und eine Sehenswürdigkeit ist.

In Martinshöhe gibt es keine evangelische Kirche. Die Bürger müssen nach Gerhardsbrunn oder Langwieden Ausweichen. Ich bin in Gerhardsbrunn konfirmiert worden. Wir mussten in Mittelbrunn in die Pfarrstunde gehen. Damals fuhr noch kein Bus nach Mittelbrunn. Im Sommer ging es, da fuhren wir mit dem Rad. Ein Weg musste man immer laufen. Hinzu´s die Spick und heimzu´s der Weg von Mittelbrunn hoch. Aber im Winter, wenn Schnee lag und es Verwehungen gab, da kam man nicht gut voran. Einmal, als Iris und ich in die Pfarrstunde gingen, da machten wir den

Schneeadler. Als wir fast in Mittelbrunn waren, sahen wir auf die Uhr, da waren wir schon eine halbe Stunde zu spät. Der Pfarrer sagte nichts, aber wir hatten unseren Spaß.

Nelli Heintz,
Schwester von
Emil Heintz

Dorles Mutter, 23 Jahre

Emmche Kiefer,
Schwester von
Ludwig

Rosa Tante mit Heide Kiefer

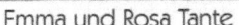

Emma und Rosa Tante

Erna u. Otto G.,
Ilse u. Rudi B.,
Lisa N. u. Ludwig,
Dorle K., Anna Silichner

Geburtstag v. Ida Erhardt

205

Als ich konfirmiert wurde, waren wir eine kleine Gesellschaft. Ein Mann von Bruchmühlbach fuhr uns zur Kirche. Er hieß Richtscheid. Zu dieser Zeit waren meine Eltern bereits geschieden und mein Vater war nicht dabei. Die Gesellschaft bestand nur aus meiner Mutter, meinen Geschwistern, dem Fahrer und mir. Wir aßen zu Hause. Ich glaube, Onkel Hans war auch dabei.

An die Konfirmation von meiner Schwester und meinem Bruder Volker kann ich mich nicht mehr erinnern. Hingegen noch sehr gut an Karls Konfirmation. Als der Pfarrer fragte: „Wer ist Dein Herr und Meister?", da sagte Karl: „Das ist der Herr Stutzinger von Landstuhl!" Da lachte natürlich alles.

In der Mitte des Dorfes stand ein großer Lindenbaum. Dort war immer der Mittelpunkt für die Jugend. Auch das Milchhäuschen, das noch steht, war ein Treffpunkt, um Neuigkeiten auszutauschen. Die Butter bekamen wir auch von der Molkerei. Sie kam dann in die Kanne und wurde vom Milchgeld abgezogen. Man konnte auch Buttermilch zurück kriegen. Die Leute, die keinen Bauernhof hatten, kamen mit der Milchkanne und holten Milch, welche mit dem Messblech abgemessen wurde. Die Milch, die von den Bauern abgeliefert wurde, kam in einen Messeimer. Die

Menge wurde dann auf der Milchkarte eingetragen. Danach wurde die Milch in die Kühlung geschüttet, wo sie langsam durchlief und in großen Milchkannen aufgefangen wurde. Ich glaube, sie wurde morgens vom Milchauto abgeholt. Die schweren Kannen mussten geladen werden. Sie brachten auch Buttermilch zurück oder Magermilch, welche dann aufgeteilt wurde. Diese musste jeder selbst abholen. Ich glaube dadurch, dass die Milch jetzt direkt beim Bauern abgeholt wird, geht die Gemeinschaft, die vorher war, verloren. Es ist halt alles rationeller geworden.

Die Bauern müssen immer mehr machen, aber Zeit haben sie heute weniger.

Frau Müller machte damals das Milchhaus. Sie war auch zuständig für die Kirche, läuten und saubermachen.

Damals in den 50er Jahren hatte man noch kein Fernsehen. Die Kinder im Dorf haben miteinander gespielt und die Leute gingen „maien" , das heißt, sie besuchten sich gegenseitig, und erzählten, was es Neues gab.

Wenn etwas bekannt zu machen war, machte dies der Schütz. Das war damals Herr Fuhrmann im Eck. Er hatte bestimmte Plätze, wo er ausschellte. Dazu besaß er eine große Klingel. Die Leute kamen dann dorthin, um zuzuhören. Der Schütz sagte dann:"Bekanntmachung!" „Die Wisse sin zu!" Das hieß, jetzt müssen die Hühner und die Gänse eingesperrt werden, sonst gibt es ein Protokoll. Wenn andere Sachen bekanntzumachen waren oder Termine verkündet wurden, so gab die ebenfalls der Schütz bekannt.

Meine Konfirmation 1959
vor der Kirche in Gerhardsbrunn

Vor der Schule in Mittelbrunn

Der erste Mai

Ich muss noch zurückdenken an den ersten Mai. Da war Hexennacht. Die Jungen und Mädchen versteckten Sachen an andere Orte. Ich glaube auf den Lindenbaum haben sie mal eine Egge geschafft. Die Jungen stellten den Mädchen einen Maibaum vors Fenster, die sie gerne sahen. Mir wurde auch mal einer vors Fenster gestellt. Ich weiß heute noch nicht von wem. Meistens waren es landwirtschaftliche Geräte, die sie versteckten. Wir bekamen auch einmal ein Ständchen gesungen. An Pfingsten morgens in aller Frühe. Das waren Roland Eicher und Reiner Burghard. Roland sah meine Schwester gerne. Reiner war Rolands Freund. Meine Schwester ist vor acht Jahren tödlich verunglückt. Sie wurde vom Zug erfasst. Reiner Burghard ist Anfang dieses Jahres gestorben. Zu ihm sagten sie nur „Paosee'", weil er in einer Gärtnerei arbeitete. Er wurde in Langwieden begraben, das war sein Wunsch.

So geht einer nach dem anderen, die Einen früh, die Anderen spät. Jeder hinterlässt eine Lücke. Aber das Leben muss ja weiter gehen. Wir werden älter, die Jungen rücken nach.

Die Flüchtlingsfamilien

Eine der Flüchtlingsfamilien in Langwieden war Familie Burghard. Von ihnen wohnt niemand mehr in Langwieden. Drei Töchter wohnen in Bruchmühlbach, Erika, Marliese und Annche. Ein Sohn wohnt in Buchholz (Franz). Der andere Sohn wohnt in Hütschenhausen (Viktor).

Familie Jung Junior Alfred wohnt noch in Langwieden, seine Eltern haben gebaut.

Familie Gilcher, die gegenüber der Kirche wohnen sind von Hagenbach 1935 nach Schlesien ausgewandert. Der Vater von Gilchers war auch in Gefangenschaft. Sie sind 1945 zurückgekehrt nach Pallenberg. Dann kamen sie nach Langwieden. Sie hatten einmal ein Mädchen von dem Jugendamt. Das Mädchen kam manchmal zu uns spielen. Ihre Eltern durften sie nicht behalten. Sie kauften den Hof von Schneiderkarls. Das alte Wohnhaus rissen sie später ab und bauten ein neues Haus, sowie einen neuen Stall.

In dem alten Haus wohnten Familie Leichnitz.
Herr Leichnitz war ein Kusseng von seiner Frau. Er
war Schreiner . Sie hatten zwei Söhne, Edwin und
Willi. Alle beide waren etwas behindert. Edwin war
so alt wie ich und war auch eine Zeit lang bei mir in
der Klasse. Sie bauten in Bruchmühlbach und
zogen dorthin. Sie bekamen noch einen weiteren
Sohn. Wir besuchten sie einmal. Sie waren sehr
nette Leute. Sie sind jetzt schon einige Zeit
gestorben, sowie vor kurzem ein Sohn. Frau
Leichnitz´ Eltern wohnten in dem Haus vor
Schehrer´s. Sie hießen Armbruster. Sie hatten noch
eine Tochter, Hilde und zwei Söhne, die heirateten
nach Martinshöhe, Herr Kau, der hatte
Landwirtschaft. Er verlor im Krieg eine Hand.

Die Post in Langwieden war im Eck, bei Gilchers
Erna. Ihr Bruder Willi half auch als Post
auszutragen. Gilchers Erna ehemals Fuhrmann)
hatte die Post seit ich als Kind denken konnte. Sie
war eine sehr selbständige Frau. Sie hatten zwei
Söhne, Klaus und Holger. Klaus ist vor Jahren
tödlich verunglückt. Wenn wir mal anrufen mussten,
gingen wir auf die Post. Vor dem Anruf wurde eine
Uhr eingestellt, die die Einheiten zählte. Gegenüber
wohnte Familie Stahl. Die Tochter Elsa war auch
sehr selbständig. Ihre zwei Brüder sind ja gefallen.

Das Haus von Nickolay befand sich vor der Familie Stahl. Es war ein kleines Häuschen. Unten waren die Küche und zwei Schlafzimmer. Oben war noch ein Zimmer. Ich habe einmal bei der Tochter Inge geschlafen. Unten am Haus war noch ein kleiner Stall, darin war eine Kuh, die mit Kiefers Kühen auf die Weide ging. Die Familie Nickolay war auch in Lothringen und musste wieder zurück, wie meine Schwiegereltern, die ebenfalls in Lothringen in der Nähe von Metz wohnten.

Familie Laufer befand sich unter der Post.

Wilhelm war der Bruder von Erna Laufer, er war mein Pate. Laufer wohnte auch mit seiner Familie da, er hatte zwei Söhne, der jüngere war Emil. Erna Laufer heiratete Karl Gilcher, die haben zwei Söhne

Erna, Ilse und Irma Z.

Ilse und Erna

Konfirmation von Fritz Schneider
Ursel, Lisel, Lorle, Erna, Fritz, Frl. Rumetsch,
Herbert und Horst Glück

Hochzeit von Erna und Otto Gilcher

Werner Neu

214

Vor Laufers wohnte Ida Erhard in diesem
Häuschen waren nur zwei Zimmer. Mein Bruder
Karl holte als Brand für sie aus dem Keller. Sie war
eine kleine Frau und hatte meistens ein Kopftuch
auf. Sie war unter dem Namen Idche bekannt.

Bei Familie Hugo Neu

So war auch bei Familie Hugo Neu der Sohn
Werner bei den Soldaten. Er heiratete nach
Bruchmühlbach. Iris` Mutter Lisa, die Schwester von
Werner arbeitete in der Rosenthal in
Bruchmühlbach. Die Eltern hatten noch ein wenig
Landwirtschaft. Sie hatten auch immer Gänse. Iris`
Oma fütterte die Küken mit gekochtem Ei und
Brennnesseln. Ich half als Iris Heu rupfen, mit dem
Heurupfer, das ging gar nicht so leicht.

Schmitte Ilse (jetzt Beck) arbeitete auch in der
Rosenthal. Sie fuhr mit dem Rad. Lisa fuhr mit dem
Moped. Auf dem Heimweg hielt sie sich an Lisa`s
Moped fest. So war sie auch schnell zu Hause. Ilse
wohnte gegenüber von Kiefers. Ihr Vater war
Schmied und übernahm die Schmiede von seinem
Vater. Als er seine Frau Anni kennenlernte, zog er

zu ihr auf die Hütte. Er richtete dort auch seine Schmiede ein. Seine Schwiegereltern hatten da noch eine Wirtschaft. Später hatte Kurt da auch eine Tankstelle. Als die Schmiede noch in Langwieden war, so war dort immer ein Umtrieb und ein Gehämmer. Ilse`s Schwester Anneliese heiratete nach Sankt Ingbert. So war Ilse allein mit ihren Eltern. Ihre Mutter war lange krank und musste betreut werden. Ich war oft bei ihr. Später, als Ilse Rudi heiratete, baute Rudi die Schmiede für seine Eltern um. Ilse`s Vater wurde auch krank. Er starb noch vor seiner Frau. Ilse erzählte, dass sie bei ihrer Geburt nur drei Pfund wog. Ihre Mutter hätte sie in einem Kästchen mit Watte in den Ofen gestellt. Sie hat aber überlebt und sich gut entwickelt.

Als 1954 die Deutschen Fußballweltmeister wurden, war ich zehn Jahre alt. Unser Lehrer Seebode ging mit uns auf die Hütte, wo wir das Spiel am Fernsehen sahen. Damals war das Bild noch schwarz-weiß. Auf dem Heimweg passierte mir ein Malheur. Ich musste nötig austreten, traute mich aber nicht, mich irgendwo hinzusetzen. Damals hatte man noch lange Wollstrümpfe an, das war dann sehr unangenehm. Ich lief dann über die Wiesen heim, damit es niemand sah. So muss ich immer daran denken, wenn von der Weltmeisterschaft 1954 berichtet wird, was mir damals passierte.

In Kiefers lernte Karl, mein jetziger Mann mich kennen. Es war Kerwe und ich war damals 18 Jahre alt. Damals hatte ich ein weißes Kleid mit roten Samtkirschen und einer roten Samtschleife an. Seit dieser Zeit sah er mich gerne. Ich lernte ihn aber erst Jahre später kennen.

In Kiefers war damals die Kerwerede und Musik. Es gab auch Essen. Da half immer Emmchen, Ludwig`s Schwester und Margot, Dorle`s Schwägerin aus Obersimten. Dorle, Ludwig`s Frau, half oben im Saal bedienen. Damals waren ihre Kinder noch klein. Kiefer`s Oma, Mathilde, war auch immer in der Wirtschaft. Sie trank jeden Tag ihren halben Wein. Sie war gerne in Gesellschaft. Sie war halt eine gute Wirtsfrau. Später, als Ludwig krank wurde, und am Ohr operiert werden musste, war Dorle auf sich allein gestellt. Sie musste die ganze Feldarbeit machen, Kühe füttern und melken. Früher hatten sie noch einen Knecht, den Ferdinand. Als die Kinder größer waren, halfen sie alle mit. Das Futter musste in den Stall getragen werden. Der Stall war zwar neu, es war aber vom Platz her nicht möglich hineinzufahren. Die

Wirtschaft musste auch noch gemacht werden, so war es immer spät, bis Dorle ins Bett kam. Im Sommer mussten die Kühe auf die Weide gebracht werden, und abends wieder zum Melken geholt werden.

Kerwe Langwieden 1949

Willi, Emil St.

Familie Ernst Scherer hielten immer viele Schweine. Im Herbst kam dann eine Dampfkolonne, die kochten dann die Kartoffeln für die Schweine. Die Kartoffeln kamen dann in ein Silo, wo sie aufbewahrt wurden. Das war immer ein großer Umtrieb und interessant beim zugucken.

Gertrud Schehrers Tochter und ich sahen immer zu und aßen als von den Kartoffeln. Das war halt was Besonderes und strahlte viel Wärme aus. Es gab beim Kochen viel Dampf. Wenn man heute durch das Dörfchen geht, sieht man noch wenig von der Landwirtschaft.

Die Landwirtschaft bei Uwe Mang

Wenn man unten anfängt, bei Uwe Mang, er war der letzte von den Bauern, der aufhörte. Die Jungen suchen sich alle Berufe, wo sie unabhängiger sind und mehr Freizeit haben. So ist es auch in Schehrers. In ganz Langwieden sieht man keine Mistkaut mehr. Wenn man an den Höfen vorbei geht, ist alles leer! Die meisten Höfe sind mit Blumen geschmückt, aber Vieh oder Maschinen sieht man nicht mehr. Kiefers hof ist auch schön gepflastert, wo früher in der Mitte ein Misthaufen war. So ist es im Oberdorf bei Kellers. Der Sohn hat auch die Landwirtschaft nicht weiter gemacht.

Familie Leib

Wenn man zur Familie Leib kommt, die unseren Hof kauften, hat auch keiner von den Söhnen weiter gemacht. Olga, Frau Leib, wohnt noch mit ihrer Tochter dort. Als wir damals unseren Hof verkaufen mussten, weil wir beim Landhandel Schröer Schulden hatten, brachte dieser den Hof zur Versteigerung. Damals war die Rede davon, dass wir aussiedeln sollten, dort wo jetzt Familie Schulz wohnt. Es wurde aber abgelehnt. An dieser Stelle hatten wir damals auch Land wo jetzt der Artamshof steht. Zum Glück hatte mein Vater von seinem Onkel den Hof geerbt. So konnten wir dahin ziehen.

Mein Vater suchte sich dann Arbeit bei der Gärtnerei Dengel in Landstuhl. Meine Geschwister haben alle einen Beruf gelernt. Ich glaube, das war besser, als wenn wir ausgesiedelt hätten. Familie Gilcher, einen Hof weiter, hatten einen neuen Stall gebaut. Dort sieht man heute auch nichts mehr vom Bauernhof, außer dem Hochsilo.

Der Nebenerwerbslandwirt Rolf Heintz

Es ist nur noch ein Nebenerwerbs - Landwirt da,
das ist Rolf Heintz. Ihre alten Höfe sind verkauft. Er
hat gegenüber von Familie Leib gebaut.

Als wir noch im alten Hof wohnten, konnte man vom
Haus übers ganze Tälchen blicken. Jetzt ist alles
anders. Der Pferdestall, der an der Straße stand, ist
auch nicht mehr da, sowie die Schuppen und das
alte Brennhaus und die Scheune. Der Garten ist
auch weg.

**Wo früher Familie Lutz wohnte, ist auch vieles
anders.** Die meisten Gebäude stehen nicht mehr.
Um ihr Haus war ein großer Garten, den machte
Hilda. ihre Tochter immer schön.

Familie Jenet

Jetzt ist da noch die Familie Jenet. Sie haben
schon früh mit der Landwirtschaft aufgehört. Frau
Jenet ging arbeiten. Herr Jenet war lange Jahre
krank und konnte fast nichts mehr sehen. Auch sie
hatten einen wunderschönen Garten, der sich hinter
ihrem Haus befand. Familie Heintz hatte ebenfalls
einen sehr schönen Garten, den Frau Heintz

pflegte. Sie hatten auch viele Sträucher und Blumen, sowie die Schneebällchen. Er war sehr schön angelegt. Vor fast allen Bauernhäusern befand sich ein schöner Blumengarten. Bei Schneiders im Eck vor dem Haus. Der Sohn Fritz ist sehr früh gestorben. Gegenüber Familie Glück hatte auch einen schönen Blumengarten vor dem Haus. Ihr ältester Sohn Horst ist beim Holz heimfahren unter den Schlepper gekommen und tödlich verunglückt. So war vielen Menschen im Dorf ein schlimmes Schicksal zugestoßen. Bei Familie Leib ist die älteste Tochter Christine tödlich verunglückt. Sie war erst 18 Jahre alt. Ihr Vater Reimund ist nach schwerer Krankheit vor Jahren gestorben. Ein Sohn, der in Mittelbrunn wohnte, hat den Freitod gesucht.

Frau Seebode, sie hatte auch einen Garten angepflanzt. Sie hatte auch viele Erdbeeren. Wenn ich bei ihrer Tochter Ursel war, hatte sich manchmal Erdbeerkuchen gebacken, was für mich ein wahrer Leckerbissen war.

Von Familie Jenet

Herr Jenet wurde von einem Pferd am Kopf getreten. Er musste sich eine Silberplatte am Kopf

einoperieren lassen, deswegen hatte er so eine
ungewöhnliche Kopfform. Ein Sohn von Jenets hat
eine Tochter von Valentin Höh geheiratet, einer
Schwester also von meinem Opa Karl Höh. So sind
wir noch weitläufig mit Familie Jenet verwandt. An
Frau Jenet kann ich mich noch erinnern. Meine
Oma machte öfer einen Besuch bei ihr, da nahm sie
mich als mit.

An der steinernen Brücke, wo die Vorfahrt ist
nach Bruchmühlbach, geht rechts ein Weg hoch, da
war ein Forsthaus. Mit unserem Lehrer waren wir
einmal da. Es stehen noch verschiedene Mauern.
Das Frosthaus wurde im Krieg kaputt gebombt. Die
Mauer von dem Forsthaus konnte man noch lange
von der Straße aus sehen. Herbert Glück erzählte
mir, dass Karl Laufer und Fritz Laufer in diesem
Forsthaus wohnten. Wenn wir früher nach
Bruchmühlbach gingen, war der Weg noch nicht so
gut wie heute. Da lagen große Wackersteine. Erst
später konnte man gut mit dem Rad fahren. Als ich
einmal mit dem Rad freihändig fuhr, stürzte ich, als
ich über eine Hutzel fuhr. Dabei ging mein
Vorderzahn kaputt. Er hatte einen Sprung, der
Zahnarzt setzte mir ein Stück Gold in den Zahn, ich
fuhr aber nicht so schnell wieder freihändig. An der
steinernen Brücke ist auch ein junger Mann vom

Bamsterhof, jetzt Schernau, tödlich verunglückt. Er stürzte mit dem Traktor unter die Brücke. Wir waren damals noch in der Schule. Als das passierte, liefen wir Kinder hin, es war kein schöner Anblick. Das hat man immer vor Augen.

Meine letzte Geschichte

Heute am Sonntag will ich meine letzte Geschicte von unseren Nachbarn, Familie Glück niederschreiben. Gestern waren mein Sohn Günther und ich bei Herbert Glück. Dieser hatte mir versprochen, dass er mir, wenn er wieder aus der Kur zurückkommt, Bilder von seiner Familie und ihm selbst zum Ablichten geben werde. Seine Mutter war so alt wie mein Vater, er konnte mir ein Schulbild zeigen von 1919. Da ich von meinem Vater keine Bilder hatte, wo er noch klein war, freute ich mich, als Herbert mir das Schulbild gab, wo auch mein Vater abgelichtet war. Herbert erzählte, dass seine Mutter über den Tod von seinem Bruder Horst nie hinweggekommen wäre. Horst verunglückte mit ihrem Traktor, als er Holz holte. Er kam unter den Traktor und wurde erdrückt. Das ist schon viele Jahre her. Seine Eltern sind auch kurz nacheinander vor Jahren gestorben. Herbert hatte dieses Jahr zum dritten Mal einen Herzinfarkt. Es geht ihm aber wieder gut und er kann sich wieder selbst versorgen. Er gab uns auch von seinem Gebäck, dass er selbst gebacken hat, das schmeckte sehr gut. Wir kamen ins Gespräch von früher. Da erzählte er, wie eine Tante vom Oberdorf ihnen eine Gans gestohlen habe. Das hat er und sein Bruder gesehen. Diese Tante hatte einen Unnamen. Sie wurden als geschimpft, wenn sie diesen Namen (Flapp) sagten. Erst als sie erzählten, was sie sahen, ging ihr Vater zu Herrn L., um die Gans zu holen. Dieser sagte dann, sie sollen am nächsten Morgen wiederkommen. Herr Glück sagte, nicht morgen, wenn die Gans gerupft ist, sondern jetzt und nahm seine Gans wieder mit. Herbert erzählte, dass er und seine Freunde immer eine Abkürzung nahmen, um zu seiner Oma, Frau Höh zu kommen. Bei unserem Onkel Ludwig stand ein Kirschenbaum im Garten, deswegen sollten sie nicht da vorbei gehen. Ihnen ging es nicht um die Kirschen, sondern um die Abkürzung. Und was man nicht sollte, das reizte sie trotzdem, da durchzugehen. Eines Abends ging Herbert wieder da vorbei. Auf einmal rief jemand über ihn, er erschrak sehr. Es war aber Onkel Ludwig Höh, der zeigte ihm einen Kasten, in dem er einen Marder fangen wollte. Herbert war darüber sehr stolz, dass dieser alte Mann ihm zeigte, wie man einen Marder fängt. Unser Onkel hätte auch oft über seinen Sohn Willi, der im Krieg gefallen ist, erzählt. Bei diesem Onkel hätte auch noch eine Tante gewohnt. Daran kann ich mich nicht erinnern. Diese hatte einen Schlaganfall und war rechtsseitig gelähmt. Meine Mutter badete ihr als den rechten Arm. Ich weiß noch, dass die Türen unten alle dunkelgrün gestrichen waren. Im Wohnzimmer stand ein stabiler breiter Tisch. Auf diesem Tisch war eine Tischdecke, die hatte auch ein dunkelgrünes Muster darin und diese hatte lange Fransen. Die Lampe hatte auch diese Farbe, an ihr hingen Perlen herunter. Außerdem stand noch ein Sofa im Zimmer, das hatte auch dieses Muster wie die Tischdecke. Im ersten Stock waren die Schlafzimmer. Man konnte sehen, dass der Giebel ausgebaut wurde. Oben war noch ein großer Speicher. Zwei Zimmer an der Vorderseite waren groß, die hinteren waren kleiner. Familie Antoni bewohnten zwei Zimmer. Das vordere Zimmer war ihr Schlafzimmer. Das kleine Zimmer an der Treppe war die Küche. Im Flur hatten sie noch einen Schrank stehen. Das mittlere Schlafzimmer war komplett eingerichtet. Ein Doppelbett sowie zwei stabile Schränke und Nachttische standen darin. Über dem Bett war ein Lichtschalter, an diesem befand sich eine grüne Schnur mit Quaste. An dieser Schnur konnte man das Licht ein- und ausschalten und musste nicht immer aufstehen, um das Licht an- und auszuschalten. Außerdem stand noch ein großer Küchenherd im Zimmer. Im hinteren kleinen Zimmer stand ein Bett, ein

Nachttisch und ein Schrank. An der Wand hing ein schöner großer Spiegel, dieser hatte einen großen Rahmen mit Verzierungen, er war mit goldener Farbe versehen. Überall in den Zimmern waren Holzdielen sowie im Flur. Das Geländer und die Treppe waren auch aus Holz. Man konnte sehen, dass die Dielen und die Treppe noch nicht sehr alt waren. Unten im Flur waren Fliesen, die hatten in der Mitte ein sternförmiges Muster, das in einem Kreis eingeschlossen war. Die Außentreppe war sehr hoch und man sah, dass sie noch nicht sehr alt war. Als ich diese Treppe als putzte, brauchte ich einen Schrubber. Denn sie war sehr rauh. Die Fenster waren dreiflügelig. Außen ober den Fenstern war eine Nische, die mit Backsteinen im Holzbogen gemauert war. Darin bauten die Spatzen ihre Nester. Morgens konnte man die Spatzen in aller Frühe hören. Das war für mich aber ein vertrauter Lärm, der einfach dazu gehörte. Die Jungs haben die Jungen als ausgehoben und an die Wand geschneppt. Darüber war ich sehr traurig. Im Winter waren an den Fensterscheiben als Eisblumen. Wir machten als Feuer im Winter, aber abends ließen wir es ausgehen. Das waren wir gewohnt. Unten auf der Fensterbank hatten wir Blumen stehen. Hinter den Blumen steckten wir Zeitungen, damit diese nicht erfroren. So hat man sich damals auch geholfen, wir hatten ja keine Heizung. Am hinteren Flur war die Wasserleitung in der Wand. Wenn es sehr kalt war, so kam es öfters einmal vor, dass die Leitung eingefroren war oder auch geplatzt ist. Mit diesen unliebsamen Begebenheiten mussten wir uns auseinandersetzen, das gehörte einfach dazu. Wenn das Wasser eingefroren war, wurde es mit einer Lötlampe aufgetaut. Als wir noch Vieh hatten, so fror öfter als einmal die Leitung ein sowie die Tränke. Wir tauten sie dann mit heißem Wasser auf.

Helene Höh

2. Emil Stahl / 4. Ernst Stahl

Langwiedener Mädels vor Kiefers

Horst Glück im Hof von Frau Höh

Willi, Ludwig, Freund und Karl Glück

Pfaff Fr.,
Stahl Ernst,
Ludwig Kiefer

Konfirmation in Lang-
wieden
v.l. Ulla Koplin, Heidi
Höh, Renate Pagels,
Herbert Glück und
Pfarrer Müller

Familie Glück

Mutter von Karl Glück

Mutter v. H. Glück

Frau Glück

Familie Glück

Ausflug am Rhein
hintere Reihe 3. v.l. Dieter Bitzer, Horst Glück, Lorle Seebode, vordere Reihe 2. v.l. Heidi Höh, Erika Laufer, Rosel Bosle, Karla Heinz

1948 Heidi Höh u. Herbert Glück

Kurt Mang

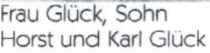

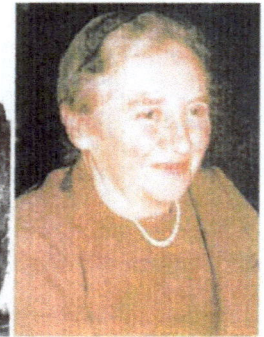

Frau Glück, Sohn Horst und Karl Glück

Karl Glück

Helene Glück

232

An Pfingsten vor dem Haus von Mäng   vorm Milchhaus

Emeran Stichner, Ernst Nikolay, Karl Laufer, r. Wilhelm L.

Ausflug am Rhein

Horst und Herbert Ghe...

Schulbild Langwieden

2. Reihe 3. v.l. Helene Höh,
Oberer Reihe 2. v.r. Alfred Höh

233

Schulbild
2. v. l. u.
mein Papa

Langwiedener
Fußballmannschaft

1990-95

234

inks mein Vater mit zwei Heimbewohnern auf der Schernau

Heidi, meine Schwester und Ilse Beck links, Rudi und Karla

v.l.
Mutti, Anna S.
vorne
Ferdinant u.
Ernst Stahl

Langwiedener Gesangverein

Kiefers erster Sommergarten 1991

Ausflug
mit
Ambos

Geburtstag von Mutti (92)
v.l. Lisa Neu, Gisela Havel, Ilse Beck und Erna Schneider Lauer

Oma Kiefer,
Ilse, Karla, Irene,
Erna, Hertha,
Heide, Helga
3. v. o. rechts
Renate

u. r. Mutti
(65-70)

Langwiedener Landfrauen
Frau Laufer, Hedwig B., Ilse Beck,
Anna Silichner

vier Langwiedener,
Ilse B., Karin B.,

Langwiedener Wagen,
beim Sommerfest

Nach Wanderung
Landfrauen Langwieden
mit Kaffee und Kuchen
Erika I., Karla B., Ilse B.,
Gerda Sch.

Ilse B., Karla Bl., Dorle K.

238

Familie
Ise Beck

Ilse Beck mit Enkel
(Gabis Söhne)

Ilse mit Kindern
Bärbel, Peter und Gabi

Ilses Geburtstag

Ehrung der
Landfrauen

Monika H.,
Erna Schn.-L.,
Ilse B., Mutti,
Hertha Eich

Langsam komme ich zum Schluss.

Ich glaube, dass ich meine ganzen Erlebnisse von Langwieden und anderswo berichtet habe. Die Menschen, die ich kannte und mit denen ich befreundet war, lagen mir besonders am Herzen. Vor allem die Menschen, die ein schlimmes Schicksal hatten, beschäftigten mich und ich musste es niederschreiben. Auch andere Erlebnisse, die glücklicher waren, wollte ich berichten. Es ist schade, dass das Scheunenfest nicht mehr besteht. Da konnte man lange Jahre mitfeiern und viele Bekannte sehen. Es gibt aber immer noch die Gelegenheit, Kiefers zu besuchen. Bald ist ja wieder Kerwe, so besteht die Möglichkeit, wieder viele Bekannte zu treffen. Ich werde aber, so lange ich lebe, mit meinem Heimatörtchen verbunden bleiben.

Inhaltsverzeichnis

Herstellung und Verlag:
BoD – Books on Demand, Norderstedt
ISBN: 9783757807474